LE PEINTRE GRAVEUR.

PAR

ADAM BARTSCH.

TROISIÈME VOLUME.

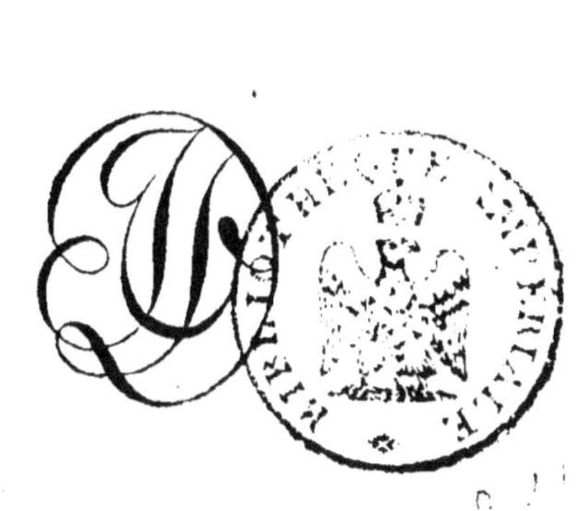

A VIENNE,

DE L'IMPRIMERIE DE J. V. DEGEN,

LIBRAIRE PLACE ST. MICHEL.

1803.

HENRI GOLTZIUS.

AVANT-PROPOS.

Les notices que *Charles van Mander* nous a laissées sur la vie de *Henri Goltzius*, méritent d'autant plus de confiance qu'il a vecu du tems de cet artiste, et qu'il en a été l'ami. Nous les recommandons, ainsi que les biographies que *Sandrart et Descamps* nous ont données, aux amateurs curieux de connoître de plus près et en détail, la vie d'un homme qui mérite à juste titre un rang éminent parmi les artistes les plus distingués de son siècle.

Fidèle à la loi que nous nous sommes faite, de mettre à la tête de nos catalogues moins une narration des événemens de la vie des maîtres qu'un examen succinct et critique du mérite et des défauts de leurs ouvrages, nous croyons ne pouvoir mieux remplir notre objet, et satisfaire nos lecteurs, qu'en plaçant à la tête du catalogue des estampes de *Henri Goltzius* les observations judicieuses que Mr. *Levéque* nous a fournies sous l'article de cet artiste, au mot *Graveurs* de l'encyclopédie méthodique. Nous nous honorons de les transcrire ici mot pour mot.

„Les arts qui commencent à fleurir, conservent encore de la timidité : s'il s'élèvent alors quelques artistes qui combattent cette timidité par un excès d'audace, ils préparent de nouveaux progrès en inspirant à leurs émules un juste dégré de hardiesse. On ne peut trouver le milieu sans connoître les deux extrèmes. Michel-Ange en outrant les formes et les mouvemens, apprit aux peintres et aux sculpteurs quel étoit le point où ils devoient tendre, et où il falloit s'arrêter : Goltzius, et ses élèves plus audacieux que lui, n'ont peut-être pas été moins utiles aux graveurs."

„Henri Goltz, que nous appellons Goltzius, naquit à Mulbrecht, dans le duché de Juliers en 1558, et est mort à Harlem en 1617. Il étoit fils d'un peintre sur verre qui fut son maître pour le dessin, et il reçut plutôt des conseils que des leçons de gravure d'un nommé Coornhert qui

doit aux talens de son élève toute sa cé-
lébrité. Il voyagea en Allemagne et en
Italie, et il étudia Raphael et l'antique,
sans perdre une manière barbare que les
Allemands s'étoient faite en croyant imiter Michel-Ange. Savant dans le dessin, il
detruisit par son goût vicieux l'estime que
mériteroit sa science : mais on ne peut lui
refuser les éloges dûs à ses talens dans la
gravure, à ses compositions ingénieuses,
et même à une certaine grace que ne pouvoit détruire sa manière sauvage. A le
considérer seulement comme graveur, on
trouvera sans doute de la bizarrerie dans
ses tailles, une affectation trop marquée de
se montrer adroit buriniste, un défaut d'ac-
cord dans les effets, et trop de négligence
ou d'ignorance du clair-obscur : mais avec
tant de défauts, dont quelques-uns lui sont
communs avec ses contemporains, aucun
d'eux ne lui peut-être comparé. Il semble
que la nature lui avoit prodigué l'avantage
de pouvoir changer à son gré le caractère
de ses travaux. En général sa gravure est
large et ses tailles ont une affectation de
hardiesse : mais quelquefois ses travaux
plus serrés conduisent à un repos plus

tranquille, à une couleur plus piquante et plus vraie. On connoit de lui des estampes où toutes les tailles ont du mouvement sans qu'aucune soit contournée d'une manière bizarre, où les têtes sont animées par des touches spirituelles et savantes, et où les travaux fins et les travaux mâles, également bien placés, concourent à donner le vrai caractère aux objets qu'ils représentent. On sait avec quelle adresse il trompa les amateurs de son tems en imitant dans le dessin et dans la gravure Albert Durer et Lucas de Leyde. Une de ces estampes, qu'il avoit eu la précaution d'enfumer, fut payée chèrement, parcequ'on la prit pour une pièce inconnue d'Albert. Ce sont ces imitations qu'on appelle les chefs-d'oeuvre de Goltzius, non qu'elles soient en effet ses meilleurs ouvrages, mais parcequ'elles contribuèrent sur-tout à assurer sa reputation. Il en est de lui comme de plusieurs autres artistes; ce ne sont pas ses plus belles estampes qui sont portées au plus haut prix. On n'ignore pas que les amateurs continuent de mettre des prix exorbitans aux ouvrages qui leur ont été une fois vantés, et ce sont ordinairement ceux qui ont commencé la reputation de leurs auteurs. Goltzius commença à peindre à l'âge de quarante deux ans: il a fait des portraits et des tableaux d'histoire. On connoit par ses estampes sa manière de dessiner le nud; on dit que sa couleur est vraie."

Le catalogue qu'on offre ici au public, a été composé sur l'oeuvre de *Henri Goltzius* qui se trouve à la bibliothèque impériale royale de la cour. Mais quelque nombreux que soit ce recueil, il ne nous a pas laissé indifférent sur toutes les autres collections où nous avons pù espérer d'augmenter nos lumières. Nous les avons consultées avec le soin le plus scrupuleux, pour donner à ce catalogue, si non toute la perfection dont il est susceptible, au moins toute celle qui pouvoit dépendre de nos efforts.

Le nombre des estampes gravées par *Henri Goltzius* étant resté indéterminé jusqu'à ces jours, nous sommes reduit à ignorer s'il en est échappé quelques-unes à nos recherches; mais nous sommes fondé à croire qu'elles ne peuvent excèder qu'en très petite quantité celles dont nous donnons ici la description.

Henri Goltzius ayant réuni à son mérite distingué dans l'art de la gravure, celui d'être un dessinateur aussi savant qu'ingenieux, plusieurs artistes de son tems ont gravé un nombre très considérable d'estampes d'après ses dessins, de façon qu'un oeuvre où ces pièces manqueroient, ne pourroit être regardé que comme imparfait. C'est ce qui nous a engagé à admettre dans notre catalogue toutes les estampes de ce genre dont nous avons pu acquérir la connoissance, persuadé qu'en nous écartant en ce point du plan que nous avons adopté, nous ne mériterions pas d'encourir la désapprobation des amateurs.

La plus grande partie de ces sortes d'estampes, et les plus considérables par leur mérite, sont sans contredit celles gravées par *Jaques Matham* et *Jean Saenredam* élèves de *Goltzius*. Plusieurs de ces pièces sont tellement dans le goût du maître, qu'elles trompent souvent l'oeil du connoisseur le plus exercé.

Ces deux artistes étant par plusieurs autres rapports liés à *Henri Goltzius*, il nous a paru naturel de joindre les catalogues de toutes leurs estampes à celui de leur maître, d'autant plus qu'ils sont, l'un et l'autre, de la classe des graveurs qui ont fourni beaucoup d'estampes d'après des dessins et des tableaux de leur propre invention.

La ressemblance du burin de ces trois graveurs a toujours causé nombre de difficultés, toutes les fois que pour certaines de leurs estampes il s'est agi d'assigner à chacun d'eux celles qui leur appartiennent. ou de déterminer la part qu'ils y ont eue. Car il y en a telles qui se trouvent entièrement depourvues des noms de leurs auteurs, et d'autres ne sont marquées que d'un seul, qui est tantôt celui du dessinateur, tantôt celui du graveur.

Ces doutes que nous sommes venu à bout de ressoudre en attribuant à chacun sa vraie part, nous paroissent ajouter à ce catalogue un dégré d'utilité qui sera senti des amateurs dont il nous fait espérer le suffrage.

Un autre graveur qui s'est distingué parmi les élèves de *Henri Goltzius*, est *Jean Muller*. Il n'a gravé que sept estampes d'après les dessins de son maitre, et quoique sous ce rapport il ne puisse etre mis en parallèle avec *Jaques Matham* et *Jean Saen-redam*, cependant son burin s'accorde si parfaitement avec le gout propre à cette école, qu'il nous a paru indispensable de joindre la description de ses ouvrages aux catalogues des estampes de ses condisciples, d'autant plus, que dans son art il a montré un talent égal au leur, et qu'il les a même surpassé en quelques parties.

A l'égard de la description des sujets de chaque estampe, nous nous sommes attaché à la brieveté la plus stricte, nous reposant sur les différentes inscriptions dont presque toutes ces estampes sont accompagnées, et dont la transcription en abrégé, suppléant tout détail ultérieur du sujet même, suffit parfaitement à les faire connoître.

OEUVRE

DE HENRI GOLTZIUS.

I. PIÈCES GRAVÉES D'APRÈS SES PROPRES DESSINS.

A. SUJETS DE LA BIBLE.

1.

Thamar sous l'apparence d'une courtisanne. Vers le milieu du bas est écrit : *Judas et Thamar Gene.* 38. Ce morceau est des premières manières de Henri Goltzius ; il est gravé sur une planche ronde.

Diamètre : 7 pouces, 7 lignes.

2.

Moyse et les tables de la loi représentés au milieu d'une bordure ceintrée par le haut, et enrichie de figures allégoriques qui désignent la piété et la charité, le culte religieux et la culture de la terre. *Ghy sult lief hebben* etc. -- *Henricus Goltzius fecit.* -- *Impressum Antwerpiae apud J. sadler.* 1583.

Les deux tables de la loi sont gravées en langue Allemande, sur une planche separée qui est imprimée sur un endroit menagé en blanc à cet effet. Cette estampe consiste en deux morceaux à coller ensemble l'un au dessus de l'autre.

Hauteur : 21 pouces, 3 lign. Largeur : 15 pouces, 8 lign.

3.

L'ange annonçant à Manué et à sa femme la naissance de Samson. *Angelus aethera coeli* etc. - - *HGoltzius fe.*

Hauteur : 7 pouces, 7 lignes. La marge du bas : 4 pouces. Largeur : 5 pouces, 9 lignes.

Cette estampe est marquée du numéro 2 au bas de la gauche, parcequ'elle fait partie d'une suite de six pièces dont les cinq autres sont gravées par *A. Collaert.*

4 - 7.

L'histoire de Ruth. Suite de quatre estampes.

Largeur : 10 pouces, 2 lignes. Hauteur : 7 pouces, 4 lignes. La marge du bas : 8 à 9 lignes.

1) Noemi veuve d'Elimelech sortant du pays des Moabites pour aller à celui de Juda, est quittée par Orpha, l'une de ses deux belles filles. *Deserit arpa socrum* etc. -.- 1580 - - *Joannes Janssonius Excudit.*

2) Ruth, l'autre belle fille de Noemi, ramasse les épis dans le champ de Booz, proche parent d'Elimelech, qui la traite avec douceur, et l'assure de sa bienveillance. *Ad quem venisti* etc. -- 1580.

3) Ruth se couchant aux pieds de Booz endormi dans sa grange, près d'un tas de gerbes. *Gnata (Boos inquit) felix* etc.--1580.

4) Le premier parent d'Elimelech céde son droit de parenté à Booz, en présence de dix anciens de la ville. *Qui fundum redimet* etc. -- *Henricus Golsius inuent. et sculptor.* 1580.

8 - 11.

L'histoire du Prophète Elie. Suite de quatre estampes qui sont des premiers commencemens de *Goltzius*.

Largeur : 10 pouces, 2 lignes. Hauteur : 7 pouces. La marge du bas : 5 lignes.

1) Elie annonçant au roi Achab, qu'il ne tombera pendant trois années ni rosée ni pluie. *Venturos absque imbre dies* etc.

2) Elie priant la veuve de Sarepta de le nourir. *Tecta Sareptanae diuine* etc.

3) Elie se présente au roi Achab, après avoir été trouvé par Abdias. *Helias quesitus adest.* etc.

4) Elie confondant les prophètes de Baal. *Asseruere dei cultum* etc.

12.

Susanne à mi-corps. *Attentant forma celebremque* etc. - - *HGoltzius inuentor et sc.* 1583. Planche de forme ovale.

Diamètre de la hauteur : 6 pouces, 4 lignes ; celui de la largeur : 4 pouces, 10 lignes. La marge 3 lignes.

13.

David, Salomon et les autres prophètes qui ont prédit la venue de Jésus-Christ, rassemblés au bas d'une espèce d'autel où est représenté le mistère de l'incarnation. *Talis erat Mosi facies* etc. Des premières manières de H. Goltzius.

Hauteur : 15 pouces, 5 lignes. La marge du bas : 10 lignes. Largeur : 10 pouces, 7 lignes.

14.

L'annonciation. Le sujet est entouré d'une bordure composée de plusieurs emblèmes qui y ont rapport, et d'autres sujets de la vie de la Vierge. Ce morceau est aussi des premières manières de l'artiste. *Henricus Golsius inuentor et sculptor.* - - *Philippus Galle excud.*

Hauteur : 8 pouces, 9 lignes. Largeur : 6 pouces, 10 lignes.

15 - 20.

Les Chefs- d'oeuvre de Henri Goltzius. Suite de six estampes.

Hauteur : 17 pouces, 3 lignes. La marge du bas : 4 pouces environ. Largeur : 13 pouces.

Ces six sujets de l'histoire sainte ont été dédiés à Guillaume V. duc de Bavière par Henri Goltzius qui les a gravés en 1593 et 1594. Ils sont sans contredit au nombre des plus beaux ouvrages de cet artiste, et d'autant plus estimable, qu'ayant en dessin d'imiter les manières des plus fameux maîtres, il y a reussi jusqu'à tromper. Les deux pièces surtout, qui sont dans le goût d'*Albert Durer* et *Lucas de Leyde*, sont des véritables chefs-d'oeuvre de l'art.

1) L'ange Gabriel annonçant à la sainte Vierge le mistère de l'incarnation. Il y a apparence que Goltzius a cherché à composer ce morceau dans la manière de *Raphael d'Urbin. Pone metum virgo* etc. -- *HG* -- Aº 1594.

2) La sainte Vierge visitant sainte Elisabeth. Cette pièce est dans le goût de *François Mazzuola*, dit *le Parmesan. Plena deo virgo* etc. -- *HG* -- 1593.

3) Les pasteurs adorant l'enfant Jésus

nouvellement né. Il semble que Goltzius ait eu en vue de traiter ce sujet dans la manière du *Bassan*. *Coeli opifex, rerum dominus* etc. -- 𝕳𝕲. -- Aº 1594.

4) Jésus Christ circoncis dans le temple. C'est cette pièce que Goltzius a si bien travaillée dans la manière d'*Albert Durer*, qu'il est aisé de s'y méprendre. Il y a mis son portrait dans la figure de l'homme qui paroît derrière le vieillard qui tient l'enfant Jésus. *Cernis vt octaua* etc. -- 𝕳𝕲 -- 1594.

5) Les mages offrant des présens à Jésus Christ. Cette estampe est exécutée parfaitement dans le goût de *Lucas de Leyde*. *Eoi Reges Bethlen* etc. -- 𝕳𝕲.

6) La sainte famille où la Vierge assise au pied d'un arbre tient entre ses bras l'enfant Jésus qui caresse St. Jean Baptiste. Il paroît que Goltzius a voulu prendre dans ce morceau le goût de *Fréderic Barroche*. *Praecvrsor domini lactantis* etc. -- 𝕳𝕲 -- 1593.

21.

La sainte Vierge et S. Joseph montrant aux bergers Jésus qui vient de naître. Ce sujet dont les figures sont à mi-corps, n'a pas été achevé. *Cum. privil. Sa. Cae. M^{tis.} Goltzius Fecit. J. Matham excud.* 1615.

Hauteur : 7 pouces , 6 lignes. La marge du bas : 4 lignes.
Largeur : 5 pouces , 8 lignes.

On a trois épreuves différentes de ce morceau.

La première est sans l'année 1615, et le fond, ainsi que toute la partie de la planche vers la gauche du bas, est en blanc.

La seconde porte l'année 1615, et le fond, ainsi que la partie gauche du bas de l'estampe, est dessiné au trait.

Dans la troisième l'année 1615 est effacée, mais les traits de la partie gauche du bas sont restés.

On a de ce morceau une copie assez bien gravée par un anonyme qui s'est designé par un monogramme composé des lettres *A. B.* entrelacées. Cette copie diffère de l'original, en ce qu'elle est en contre-partie, et que la partie basse et le fond y sont entièrement terminés. *Nascitur hic infans* etc. -- *G. Invent.*

Hauteur : 7 pouces , 3 lignes. La marge du bas : 9 lignes.
Largeur : 5 pouces , 6 lignes.

22.

Jésus Christ adoré par les mages qui

lui apportent des présens : *Quod Abrahae Vatumque* etc: - - *Goltzius fe. et excud.*

Hauteur : 6 pouces , 6 lignes. La marge du bas : 1 pouce.
Largeur : 5 pouces , 5 lignes.

23.

Le massacre des innocens. Cette planche est demeurée imparfaite à la mort de Henri Goltzius ; elle est une de celles qu'il a gravées avec le plus de liberté de burin. L'on juge par ce qui est fait , qu'il devoit y avoir une seconde planche pour achever le sujet. Elle porte le chiffre de H. Goltzius ; et au milieu de la marge du bas est écrit : *J. C. Visscher Excudit.*

Hauteur : 7 pouces , 7 lignes. La marge du bas : 6 lignes.
Largeur : 13 pouces , 9 lignes.

On a des épreuves de cette estampe où l'adresse de *Visscher* est remplacée par celle de *L. Renard.*

24.

Une sainte famille. La Vierge ayant sur ses genoux l'enfant Jésus est assise au pied d'un arbre où S. Joseph cueille des fruits. *Diua Dei genitrix. - - Goltzius Inuen. et sculp. A°.* 89.

Hauteur : 9 pouces. Largeur : 7 pouces , 4 lignes. La marge du bas : 3 lignes.

25.

La Vierge vue de profil, ayant sur ses genoux l'enfant Jésus, à qui S. Joseph présente une pomme. Ces figures sont à mi-corps. Le monogramme *HG* est gravé sur la pomme. Planche ovale.

Diamètre de la hauteur : 2 pouces, 6 lignes ; celui de la largeur : 1 pouce, 1 ligne.

Il n'y a peut-être pas d'estampe dont la finesse et la délicatesse de burin soient égales à celle-ci; et à cet égard ce morceau, qui est un des principaux et des plus rares de Goltzius, peut être regardé comme un chef-d'oeuvre de l'art de la gravure.

26.

La Vierge à mi-corps au dessus d'un croissant, et ayant entre ses bras l'enfant Jésus qui tient des fruits. Cette pièce est traitée dans la manière *d'Albert Durer*. Le chiffre de Goltzius est marqué au milieu du croissant, vers le bas de la planche qui est de forme ovale.

Diamètre de la hauteur : 1 pouce, 7 lignes ; celui de la largeur : 1 pouce, 5 lignes.

27 - 38.

La passion de Jésus Christ. Suite de douze estampes.

Hauteur : 7 pouces , 3 lign. Largeur : 4 pouces , 10 lign.

Goltzius a composé ces douze pièces dans la manière de *Lucas de Leyde*, ayant en dessin de contrefaire ce fameux maître, ce qui lui a parfaitement reussi.

1) La cène. *HG*. 1598. - - *Cum priuil. Sa. Cae. M.*

2) La prière au jardin des olives *HG*. A°79.

3) Les Juifs se saisissant de Jésus Christ. 98. *HG*.

4) Jésus amené devant Caïphe. A°97. *HG*.

5) Jésus Christ amené devant Pilate. A° 96. *HG*.

6) La flagellation. A° 97. *HG*.

7) Le couronnement d'épines. A°97. *HG*.

8) Pilate le fait montrer au peuple. 1597. *HG*.

9) Le portement de croix. *HG*.

10) Le crucifiement. *HG*.

11) La sépulture donnée au corps de Jé-sus Christ. *HG*. 1590.

12) La résurrection. *HG*. A° 96.

On a de ces douze estampes des copies faites par un anonyme avec tant d'exactitude que les amateurs pourroient très facilement s'y méprendre. Nous nous sommes donnés toutes les peines possibles pour y trouver des différences à mettre sous les yeux des amateurs dans une planche explicative, mais l'exactitude du copiste a trompé tous nos efforts : nous avons donc été reduit à saisir seulement quelques différences dans les chiffres ou dans les lettres de quelques unes de ces pièces. Ces différences, il est vrai, sont peu sensibles, mais elles ne laissent cependant pas d'être connoissables, si toute fois on met du soin à leur examen. Voici ce qu'il y a à observer.

Nr. 1. Dans la copie le deuxième *i* du mot *testimonium* n'est pas surmonté d'un point. Les deux lettres *DD* sont serrées et jointes à l'*m* du mot *testimonium*.

Nr. 3. Le chiffre 3 placé vers le bas de la gauche, a dans l'original la forme d'un 2 changé par correction en un 3, tandisque les deux demi-cercles du 3 de la copie sont parfaitement ronds.

Nr. 8. Les chiffres qui composent l'année 1597, sont placés en ligne horizontale dans l'original, tandisqu'ils se penchent vers la droite dans la copie.

Nr. 10. Dans l'original les lettres INRI sont séparées chacune par un point, tandisqu'il ne s'en trouve aucun dans la copie. D'ailleurs la dernière lettre I est dans l'original plus éloignée de la lettre R que ne le sont les autres lettres entr'elles.

Nr. 11. Dans l'original la queue du chiffre 9 de l'année 1596 est bien distinctement marquée, tandisqu'elle ne l'est que peu sensiblement dans la copie.

Nr. 12. Le numéro 12 marqué au bas de la gauche sur l'estampe originale, manque tout-à-fait dans la copie.

On a encore des copies de cette passion, gravées par *Lucas Vorsterman* qui a marqué son nom sur la première pièce. Ces copies sont en contre-partie des estampes originales, et des copies dont on vient de parler. On les reconnoit en ce qu'elles sont éclairées par la droite, tandisque le jour vient du côté gauche dans les originales; de plus, en ce que les numéros marqués à gauche dans les originales, se trouvent à droite dans ces copies, excepté le seul Nr. 3. qui est vers la gauche, au bas de la lanterne, écrit à rebours.

39.

Jésus Christ célébrant la cène avec les apôtres. *Goltzius sculptor et excud. A.º 1585.*

Largeur : 13 pouces, 6 lignes. Hauteur : 10 pouces, 2 lignes.

40.

Jésus Christ crucifié entre les deux larrons. A l'exception de la figure du S. Jean, qui est sur le devant, et qui offre un commencement de travail, toutes les autres ne sont que légèrement marquées au trait, *Goltzius* n'ayant jamais achevé cette planche qui est demeurée dans cet état. Elle est de forme ronde. Au bas des pieds de S. Jean est écrit : *Goltzius Fecit.*

Diamètre : 4 pouces, 5 lignes.

41.

La Vierge pleurant sur le corps de Jésus Christ qui est étendu sur ses genoux. Quoique cette pièce paroisse être d'*Albert Durer*, elle est cependant de l'invention et de la gravure de *Henri Goltzius.* C'est une de celles où il a si bien reussi à contrefaire la manière de ce grand peintre. Le chiffre de Goltzius est marqué sur une pierre carrée, au milieu du bas de l'estampe. A droite, près des jambes du Christ, est écrit: A° 96.

Hauteur : 6 pouces, 6 lignes. Largeur : 4 pouces, 8 lignes.

42.

Jésus Christ tenant sa croix, ce qui est exprimé dans une forme ovale entourée de plusieurs sujets qui représentent les oeuvres de miséricorde. L'on connoit à la manière dont cette estampe est exécutée, que *Goltzius* a du la faire dans ses commencemens. *Sustulit humanas culpas* etc. -- IG*oltzius inuentor et sculptor. Carolu. Collaert excud.*

Hauteur : 16 pouces, 6 lign. Largeur : 12 pouces, 9 lign.

43 - 56.

Jésus Christ, les douze Apôtres et St. Paul, représentés à mi-corps. Suite de quatorze estampes.

Hauteur : 4 pouces, 6 lignes. La marge du bas : 1 pouce.

Largeur : 3 pouces, 9 lignes.

Jésus Christ. *Ite in mundum* etc. -- IG *fe.*

1) S. Pierre. *Credo in deum* etc. -- IG*oltzius jnuen. et sculptor* A°. 1589.

2) S. André. *Et in Jesum* etc. -- IG.

3) S. Jacques le majeur. *Qui conceptus est* etc. -- IG.

4) S. Jean. *Passus sub Pontio* etc.-- *HG fecit.*

5) S. Philippe. *Descendit ad inferna* etc. -- *HG.*

6) S. Barthélemy. *Ascendit ad coelos.* etc. -- *HG.*

7) S. Thomas. *Inde venturus est* etc. -- *HG.*

8) S. Mathieu. *Credo in spiritum sanctum* etc. -- *HG.*

9) S. Jacques le mineur. *Sanctam ecclesiam catholicam* etc. -- *HG.*

10) S. Simon. *Remissionem peccatorum* etc. -- *HG fe.*

11) S. Judas Thaddée. *Carnis resurrectionem* -- *HG. f.*

12) S. Mathias. *Et vitam aeternam* etc. -- *HG.*

13) S. Paul. *Nam mihi vita* etc. -- *HG fe.*

Ces pièces sont numérotées de double manière. Le numéro Romain est marqué au milieu du bas de chaque estampe, au dessus de l'inscription. Le Christ et S. Paul n'en portent point. L'autre numéro, exprimé par des chiffres arabes, se trouve au coin bas de l'estampe, au dessous de l'inscription. Il s'étend sur toutes les quatorze pièces. La planche du Christ porte Nr. 7.

B. *SAINTS ET SUJETS PIEUX.*

57.

La Madeleine pleurant ses péchés, et méditant sur les saintes écritures, dans sa solitude ; à mi-corps. *Henricus Goltzius inuen. et sculp. Imprime a Haerlem* 1582. Planche de forme ovale.

Diamètre de la hauteur · 6 pouces, 4 lignes ; celui de la largeur : 4 pouces, 11 lignes.

On a de ce morceau une copie assez trompeuse, faite par un anonyme. Elle est de la même grandeur, et se fait reconnoître à ce que le nom de Goltzius ne s'y trouve pas marqué, et qu'elle est entourée d'un bord marginal, avec cette inscription : *Aspice quam variis* etc. Ce bord porte 3 lign.

58.

La Madeleine priant à genoux dans le désert, et s'appuyant sur une tête de mort. Ce morceau est gravé dans le goût des premières manières de *Goltzius.* -- *Dum sua perpetuo* etc. -- *Goltzius inuen. et sculptor excudebat* -- A°. 1585.

Hauteur : 10 pouces, 2 lignes. La marge du bas : 6 lignes. Largeur : 7 pouces, 4 lignes.

59.

S. Antoine ayant recours à la lecture de l'écriture sainte pour se garantir des attaques du démon, qui emprunte la forme d'une femme pour le tenter. *Goltzius* a gravé ce morceau dans le goût de *Lucas de Leyde. - - HG. Fig.*

Hauteur : 7 pouces , 7 lignes. Largeur : 5 pouces , 3 lign.

60.

La miséricorde de dieu arrachant d'entre les bras du démon un homme qui déteste ses péchés, et le conduisant vers la pénitence. Pièce emblématique gravée par *Goltzius* dans le tems de ses premières manières. *Henricus Golss inuent. et sculp. - - Philip. Galle excu.*

Hauteur : 5 pouces , 3 lignes. Largeur : 4 pouces , 3 lign.

61 - 64.

L'enfance, les miracles, la résurrection et les vertus de Jésus Christ, représentés par emblèmes. Suite de quatre estampes des premières manières de *Goltzius*.

Hauteur : 8 pouces , 10 lignes. La marge du bas : 1 pouce.
Largeur : 6 pouces , 10 lignes.

1) L'enfance de Jésus Christ. L'enfant Jésus assis au milieu d'une fontaine qu'il

remplit de son sang. *A. Paruulus enim natus* etc. -- *Phls. Galle excud.*

2) Ses miracles. Jésus Christ guérissant par le mérite de son sang une femme malade qui représente le genre humain. *Misit verbum suum* etc. -- 1578.

3) Sa résurrection. Jésus Christ sortant glorieux du tombeau, et terrassant le démon et la mort. *Ascendisti in altum* etc.

4) Ses vertus. Une femme chrétienne, occupée à peindre dans un coeur la simplicité qui est représentée dans celui que lui montre Jésus Christ. *Discite a me quia mitis sum* etc. -- 1578.

65 - 74.

Emblèmes sur la foi chrétienne. Suite de dix estampes, qui sont aussi des premières manières de *Goltzius.*

Hauteur: 8 pouces, 9 lignes. La marge du bas: 6 à 8 lignes, Largeur: 6 pouces, 10 lignes.

1) Le soulagement des affligés, représenté par Jésus Christ appellant à lui ceux qui sont dans la peine et dans l'affliction 1578 -- *HG. f.* La marge du bas est en blanc.

2) La remission des péchés, représentée par Jésus Christ prononçant son jugement sur la femme adultère. *Allen schulden-*

ners boetvaardigh bevonden etc. - - HG fecit - - 1598. Il paroît qu'il y avoit 1578, et que le 7 a été depuis changé en 9. - - *H. Hondius excudit.*

3) La satisfaction donnée par le redempteur, représentée par la justice et la foi qui recueillent le sang de Jésus Christ mourant sur la croix, pour satisfaire à son père, et affranchir les hommes du joug du démon. *Quem proposuit Deus* etc. - - *HG.*

4) Les efforts pour chercher le royaume des cieux, représentés par la foi et l'espérance qui invitent les hommes à chercher le royaume des cieux, et par l'amour de la sagesse qui y conduit ceux qui sont simples, qui aiment la justice, ou qui sont persécutés. *Quis ascendet in montem Dni?* etc. - - *HG.*

5) Le soin de dieu pour les siens, représenté par la charité et la providence divines qui distribuent à ceux qui ont la foi, les choses nécessaires à la vie. *Nolite ergo soliciti* etc. - - *HG.*

6) Batir sa maison sur le roc [Mathieu. C. VII. V. 24.] represente par Jésus Christ assis à table à coté d'un de ses disciples, dans son eglise batie sur la pierre vive,

et soutenue par les vertus. *Jucundus homo qui* etc. - - *HG*.

7) Bâtir sur le sable [Matth. C. VII. V. 26.] représenté par l'écroulement de la maison de l'homme insensé. *Propterea deus destruet* etc. - - *HG*.

8) La dissension dans l'église, représentée par les adversités qu'ont éprouvées Abel, Joseph, David et les autres fidèles qui ont été persécutés pour la cause de dieu. *Fur non venit nisi* etc. - - *HG*.

9) La punition des tyrans, représentée par un prince qui du haut du ciel, où son orgueil l'avoit fait monter, est précipité dans le fond de l'enfer. *Quomodo cessavit exactor* etc. - - *HG*. *f.* - - *Philip. Galle excudebat.*

1o) Autre exemple de châtiment de tyrans, en la personne de Pharaon qui est submergé avec son armée, dans la mer rouge. *Oportebat enim illis* etc. - - *HG*. - - *P. Galleus excude.*

75.

La prudence avertissant un homme de considérer ses quatre fins dernières qui sont représentées sur cette même pièce en quatre sujets de forme ronde. Ce morceau est des premières manières de *Golt-*

zius. In omnibus operibus etc. - - 1578 - -
Philippus Galle excud.

Hauteur : 8 pouces , 9 lignes. La marge du bas : 6 lignes.
Largeur : 6 pouces , 9 lignes.

76.

La persécution de la vraie foi, représentée d'une manière emblèmatique par
un prince aveugle, environné de minis-
tres cruels qui lui conseillent de sacrifier
Jésus Christ, et de se rendre aux instan-
ces de la fausse église. Ce morceau est
pareillement des premières manières de
Goltzius. Quando obstetricabitis hebreus
etc. - - *HG. f.* - - *Hh. exc.* 1604. (c'est-à-dire :
H. Hondius excudit).

Hauteur : 8 pouces , 2 lignes. La marge du bas : 5 lignes.
Largeur : 6 pouces , 9 lignes.

77 - 92.

Les vertus et les sept péchés capitaux.
Suite de seize estampes , qui sont des premières manières de *H. Goltzius.* On n'y
trouve ni son nom ni son chiffre ; et elles
ne sont point numérotées.

Hauteur : 5 pouces , 2 lignes. La marge du bas : 6 lignes.
Largeur : 4 pouces environ.

1) Frontispice. Les figures emblèma-
tiques de la vie éternelle et de la mort

aux deux côtés d'un cartouche de forme ovale, où est écrit : *Virtutum vitiorumque quibus capitalium nomen inditum est* etc. -- *Gaudia quo vitae* etc. -- *Philippus Galleus excudebat* *).

2) La foi. *Nil fide grave* etc.

3) L'espérance. *Spes non frustratur* etc.

4) La charité. *Nos docuit verum* etc.

5) La prudence. *Est sophiae pars* etc.

6) La justice. *Justiciam exerce* etc.

7) La force. *Fac animi fortis* etc.

8) La tempérance. *Quod sobrie vivens* etc.

9) L'orgueil. *Luciferi ex coelo* etc.

10) L'avarice. *Sit Sapphira tibi* etc.

11) La colère. *Iratum compesce animum* etc.

12) L'envie. *Inuidiam proprium stimulantem* etc.

---

*) Ce cartouche a été ensuite employé en passe-par-tout pour un portrait de *François Draecke*, gravé par un anonyme. Les changemens qu'on a faits dans la planche, consistent en ce qu'on a remplacé les mots : *Philippus Galleus excudebat*, par ceux de *Theatrum principum*, et qu'on a gravé au bas de la gauche, le chiffre *HG fe.*, et à droite : *Franc. van den Wyngaerde ex.*

13) L'impureté. *Judaei obsceno cicide-
re* etc.
14) La gourmandise. *Plures hoc vitio* etc.
15) La paresse. *Dum piger exercet* etc.
16) Le jugement universel. *Virtutum
pennis dictarum* etc.

93.

Les deux qualités principales d'un vrai imitateur de Jésus Christ, qui sont la prudence et la simplicité, représentées par une jeune femme assise, tenant de la main droite deux serpens, et de l'autre deux colombes qu'elle a sur ses genoux. *Astu serpentes, et simplicitate columbas Christi cultores imitari rite jubentur* etc. - - HG. Ce chiffre est marqué sur une pierre aux pieds de la femme.

Cette estampe qui est gravée d'un burin extrémement fin et délicat, est au nombre des pièces rares de l'oeuvre de *Goltzius*. Elle est de forme ronde.

Diamètre : 2 pouces, 5 lignes. Le bord marginal : 2 lign.

C. HISTOIRE, ALLÉGORIES ET AUTRES
SUJETS PROFANES.

94-103.

Les Romains illustres par leur valeur. Suite de dix estampes.

Hauteur: 12 pouces, 3 lignes. La marge du bas : 6 lignes. Largeur : 8 pouces, 7 lignes.

Frontispice. La divinité tutélaire de Rome qui s'est assujetie l'Europe, l'Asie et l'Afrique. Sur le devant la louve près du Tibre. *Memorabilia aliquot Romanae strenuitatis exempla* etc. - - *Ecce gemelliparae sobolem* etc. - - *Goltzius inuenit sculpsit et diuulgauit* A°. 1586. *Harlemi.*

Hauteur : 11 pouces, 9 lignes. La marge du bas : 1 pouce, 10 lignes. Largeur : 8 pouces, 6 lignes.

Autre frontispice allégorique. La renommée planant au dessus de la vertu qui, par la lecture de l'histoire, s'éxcite à reproduire de nouveaux héros. *Vita hominum brevis est* - - etc. - - *Goltzius fecit.* A°. 1586.

Hauteur : 11 pouces, 10 lign. Largeur : 8 pouces, 6 lign.

1) Horace. *Inter tergeminos hinc atque* etc.

2) Horace Cocles. *Solus in aduersos Cocles* etc.

3) Mutius Scevola. *Te, Porsenna tuo mucrone* etc.

4) Marc Curtius. *Curtius in vastam* etc.

5) Manlius Torquatus. *Haut minimo Gallum* etc.

6) Valerius Corvinus. *Magnanimo Coruine tibi* etc.

7) Titus Manlius. *Victa meti rigido* etc.

8) M. Calphurnius. *Calphurni virtute locis* etc.

104 - 107.

L'histoire de Lucrèce. Suite de quatre estampes, des premières manières de Goltzius.

Largeur : 9 pouces, 2 lignes. Hauteur : 7 pouces. La marge du bas : 7 lignes.

1) Le jeune Tarquin donnant un repas, dans lequel Collatin exalte la vertu de sa femme. *Effera Romanis dum* etc. - - *Phls. Galle excudebat.*

2) Lucrèce s'occupant à travailler avec ses femmes. *Inde cito passu* etc. - - *Phillippus Galle excude.*

3) Tarquin violant Lucrèce. *Interea iuuenis furiales* etc.

4) Lucrèce s'enfonçant un poignard dans

le sein, en présence de son mari. *Jamque erat orta* etc.

108.

Le triomphe de la guerre. Pièce allégorique d'une composition riche en figures. *Impia quos ductet* etc. - - *Henric. Goltzius fecit - - Theodor. Galle excud.*

Largeur : 13 pouces, 5 lignes. Hauteur : 7 pouces, 3 lign.

On a de ce morceau des épreuves postérieures qui diffèrent des premières, 1mo en ce qu'il s'y trouve les mots *Currus Belli* au milieu du haut de la planche. 2do En ce que le vers : *Varius eventus est belli* etc. a été ajouté aux vers latins qui remplissent la tablette au haut de la gauche. 3tio En ce que les noms latins des figures allégoriques sont accompagnés de numéros qui se rapportent à une traduction françoise et hollandoise de ces mêmes noms, laquelle est gravée dans une marge ajoutée au bas de la planche.

109.

La nécessité, l'avarice et la prodigalité courans après l'argent par des chemins et par des motifs différens. Pièce emblématique gravée par H. Goltzius dans le tems de ses premières manières. *Currite, nam pretio* etc. -- *Phls. Galle excud.*

Largeur : 8 pouces, 9 lignes. Hauteur : 6 pouces, 9 lignes. La marge du bas : 5 lignes.

110-113.

Le moyen d'acquérir le repos. Suite de quatre estampes allégoriques.

Hauteur : 6 pouces, 8 à 9 lignes. La marge du bas : 5 à 6 lignes. Largeur : 5 pouces.

1) Le travail et la diligence. *Cum Labor et socias* etc. -- *Henricus Goltzius inuent. et sculptor. Impressum Harlemi.*

2) L'art et la mode. *Quisquis amore bonas* etc. -- *HG fe.*

3) Les richesses et les honneurs. *Mutua diuitiae et laus* etc. -- *HGoltzius fecit.*

4) Le repos. *Mens quoque Terrigenum* etc. -- *HG fecit.*

L'allégorie exprimée par ces quatre estampes signifie, que le travail assidu et la pratique des arts en mode procurent les richesses et les honneurs qui sont enfin suivis du repos.

114-117.

Les vertus alliées. Suite de quatre estampes des premières manières de *Goltzius.*

Largeur : 7 pouces, 6 lignes. Hauteur : 5 pouces, 5 lignes. La marge du bas : 6 lignes.

1) L'alliance de la force et de la patience. *Grandia robusto faciunt* etc. -- *Goltzius.*

2) Celle de la confiance et de l'espérance. *Spes alit humanos* etc.

3) Celle de la justice et de la prudence. *Ardua justitiae venerans* etc.

4) Celle de la paix et de la concorde. *En, precor, vnanimes* etc.

118 - 122.

Les cinq sens de nature, représentés par des femmes qui en tiennent les attributs. Des premières manières de Goltzius.

Hauteur : 5 pouces, 2 lignes. La marge du bas : 10 lignes. Largeur : 3 pouces, 4 lignes.

1) La vue. *Ne forsan splendens* etc. -- *Henricus Golsius inuen.* -- *Th. Galle excudit.*

2) L'ouie. *Obturato aures socios* etc.

3) L'adorat. *Ne nimium suauis* etc. -- *Golsius.*

4) Le goût. *Qui nectar Domini* etc.

5) Le toucher. *Illicito Cyprae sensu* etc.

123.

La clarté, représentée par une femme debout qui semble démontrer ce qu'elle dit, par ses gestes. A droite, vers le haut, est écrit : *Perspicuitas*, et au bas : 1584. --

Non ego fucatos etc. - - *Henricus Gol. in-*
uent. incidebat.

Hauteur : 8 pouces. La marge du bas : 1 pouce. Largeur :
4 pouces , 10 lignes.

124.

La ville d'Harlem implorant le secours
de Guillaume de Nassau, prince d'Orange ;
pièce allégorique. *Liefde getrou tot* etc.
Cette estampe ne porte ni nom ni monogramme.

Largeur : 6 pouces , 4 lignes. Hauteur : 4 pouces.

125.

Un porte-enseigne , tenant le drapeau
de son régiment. *Signifer ingentes animos*
etc. - - *Goltzius fe.* A.º 1587.

Hauteur : 10 pouces. La marge du bas : 5 lignes. Largeur :
7 pouces , 1 ligne.

126.

Un capitaine d'infanterie , marchant
avec une hallebarde à la main. *Praeuius in-*
fractos reddo etc. - - *Goltzius fecit.* A.º 1587.
Ce morceau fait le pendant du précédent
dont il a la même dimension.

127.

Un homme de guerre , vu par le dos ,

armé d'une rondache et d'un espadon. - -
HG F.

Hauteur : 7 pouces , 4 lignes. La marge du bas : 4 lignes.
Largeur : 4 pouces , 7 lignes.

128.

Un enfant monstrueux, né avec deux tè-
tes , représenté par devant et par derrière ;
gravé en 1579. *Diet kint hier* etc. - - *HG.*

Hauteur : 4 pouces , 10 lignes. La marge du bas : 3 pouces,
4 lignes. Largeur : 5 pouces , 7 lignes.

129.

Une femme debout, tenant un livre
de sa main droite. Il n'y a qu'une partie
de la draperie de cette figure qui soit om-
brée ; tout le reste n'est qu'au simple trait ,
Goltzius ayant laissé cette planche imparfaite. *HG oltzius fecit. I. Matham excud.*

Hauteur : 8 pouces, 3 lignes. Largeur : 4 pouces, 5 lign.

130.

Une femme vue de profil , mettant la
main sur son sein , et ayant un voile sur
la tète ; à mi-corps. Gravé d'une manière
fort crocquée et qui imite les traits de la
plume. *HG.*

Hauteur : 5 pouces , 5 lignes. Largeur : 3 pouces , 8 lign.

131.

Un jeune homme reposant sa tête sur

son bras ; gravé pareillement dans le goût de la plume, c'est-à-dire, d'une manière fort crocquée. *HG*.

Hauteur : 3 pouces, 9 lignes. Largeur : 2 pouces, 10 lign.

132.

Une femme assise, lisant dans un livre qu'elle tient de la main gauche ; à mi-corps. Gravé à l'eau-forte.

Hauteur : 4 pouces. Largeur : 2 pouces, 10 lignes.

133.

Les armoiries d'une famille hollandoise dont le timbre est surmonté d'un chapeau, auquel sont attachées deux ailes de moulin à vent. Planche ovale.

Diamètre de la hauteur : 2 pouces ; celui de la largeur : 1 pouce, 5 lignes.

134.

Autres armoires d'une famille hollandoise, ayant pour timbre un casque d'où sort un lion. Planche ovale.

Diamètre da la hauteur : 1 pouce, 9 lignes ; celui de la largeur : 1 pouce ; 4 lignes.

135.

Les armoires d'une famille noble, surmontées d'un casque, au dessus duquel s'élève un cigne. Planche ovale.

Diamètre de la hauteur : 1 pouce, 10 lignes ; celui de la largeur : 1 pouces, 4 lignes.

136.

Un écusson dans lequel est représenté un cochon assis sur une pierre, dévise d'*Arnoud Berestein*; ce qui fait allusion à ce nom, puisqu'en hollandois *Beer* signifie *verrat*, et *Stein* veut dire *pierre*. *Tres et Vicenos vitae cum carperet annos. Arnoldus facie sic Beresteinus erat.* Ces mots sont écrits à rebours. Planche ovale.

Diamètre de la hauteur. 1 pouce, 7 lignes; celui de la largeur: 1 pouces, 2 lignes.

137.

Les armoiries de deux familles nobles, jointes ensemble, et couronnées d'un timbre surmonté d'une cuve d'ou sort un lion. Planche ovale.

Diamètre de la hauteur: 1 pouce, 10 lignes; celui de la largeur: 1 pouce, 4 lignes.

D. SUJETS FABULEUX.

138.

Pygmalion devenant amoureux d'une statue de jeune fille. *Sculpsit ebur niueum etc. -- Goltzius Inuent. et sculp.* 1593. *J. Saenredam excu.*

Hauteur: 11 pouces, 7 lignes. La marge du bas: 5 lignes. Largeur: 8 pouces.

On a de ce morceau des épreuves foibles qui portent cette adresse : *R. Baudous excu.* Plus foibles encore sont celles marquées : *Joannes Janssonius Excu.*

139.

Mars et Vénus surpris en adultère. *Vt Phoebus nitido - - Goltzius Inuenit sculpsit et diuulgauit* A? 1585.

Hauteur : 15 pouces. La marge du bas : 5 lignes. Largeur : 11 pouces, 3 lignes.

140.

Apollon jouant de la lyre, et remportant le prix sur le dieu Pan, au jugement de Tmolus et de tous ceux qui l'écoutent, excepté de Midas à qui il vient des oreilles d'âne, pour punition de son ignorance. *Spectabili juxta ac doctissimo Florentio a Schoterbusch - - Goltzius inuent. et sculpt. D. d. - - Anno* 1590. *- - Thymbraeis fidibus cannas* etc.

Largeur : 24 pouces, 8 lignes. Hauteur : 14 pouces, 10 lignes. La marge du bas : 8 lignes

141.

Le dieu du soleil, marchant sur des nuées dont le fond offre ce même dieu assis sur son char. Autour de sa tête est cette inscription: *Sol rutilus radiante coma* etc. -- *HG fe*. A°. 88. Planche ovale.

Diamètre de la hauteur: 12 pouces, 7 lignes; celui de la largeur: 9 pouces, 7 lignes.

142.

Hercule portant sa massue, et tenant la corne qu'il vient d'arracher au fleuve Archelous. *Amphytryoniadae virtus terraque marique* etc. -- *HGoltzius Inuent. et sculpt*. A°. 1589.

Hauteur: 20 pouces. la marge du bas: 8 lignes. Largeur: 15 pouces.

Les épreuves marquées au bas de la droite: *J. C. Visscher excu.* sont foibles.

On a de ce morceau une belle copie, gravée d'un burin ferme par un anonyme. Le nom de Goltzius ne s'y trouve pas; elle porte seulement cette adresse: *J. Boscher excu.*

Hauteur: 14 pouces. La marge du bas: 7 lignes. Largeur: 10 pouces, 6 lignes.

143 - 145.

Les trois statues antiques de Rome. Suite de trois estampes.

Hauteur: 14 pouces, 10 lignes. La marge du bas: 4 lignes. Largeur: 10 pouces, 9 lignes.

1) La statue antique d'Hercule qui est

à Rome dans le palais Farnese. *Domito triformi rege* etc. - - *Goltzius sculp. Cum privilig. Sa. Cae. M.* - - *Herman Adolfz excud. Haerlemen.*

2) Celle de l'empereur Commode, sous la forme de l'Hercule qui est à Rome dans le palais de Belvedere au Vatican. *Telamonis autem victor* etc. - - *Goltzius sculpt. Cum privil. Sa. Cac. M.* - - *Herman Adolfz excud. Haerlemen.*

3) Celle d'Apollon Pythien qui est pareillement dans le Belvedere. *Vix natus armis* etc. - - *G sculps.* - - *Herman Adolfz excud. Haerlemen.*

Ces trois pièces ont été gravées par *Henri Goltzius* sur les dessins qu'il en avoit faits pendant son séjour à Rome, et n'ont été mises au jour qu'après sa mort.

146 - 154.

Les Muses. Suite de neuf estampes.

Hauteur: 8 pouces, 7 à 9 lignes. La marge du bas: 5 lignes. Largeur: 6 pouces,

1) Calliope. *Prima characteres, vocumque* etc. - - *Goltzius Inuent. et sculptor.* - - A°. 1592.

2) Thalie. *Quid soccos humiles esc.* - - *G Fecit.*

3) Melpomene. *Melpomene ostendit nu-
meros* etc. - - *HG Fecit.*

4) Clio. *Gesta ducum, Regumque* etc. - -
HG fecit.

5) Terpsichore. *Terpsichoren, cythara,
et peramoenis* etc. - - *HG fe.*

6) Euterpe. *Euterpen calami, et genialis*
etc. - - *HG fecit.*

7) Erato. *Nomen amoris habens* etc. - -
HG fecit.

8) Polymnie. *Rethoricae fontes, luculen-
taque* etc. - - *HG fecit.*

9) Uranie. *Vraniae coeli motus* etc. - -
HG oltzius Inuent. et sculpt.

Les épreuves postérieures portent cette
adresse: *Amstelodami, Apud Justum Danckerts*, la quelle est marquée sur la première pièce.

On a de ces neuf estampes des copies
assez bien gravées par *Jean Florimi*, en
contrepartie des estampes originales. Elles sont dediées à Jean Baptiste de Orlan-
dis dont les armoires se trouvent dans la
marge de la première pièce. Le nom du
graveur est écrit en très petits caractères
sur la tranche d'un des livres placés à
terre. Ces copies ont la même dimension
que les estampes originales.

155.

Bacchus présentant du vin à Vénus près de laquelle est l'Amour qui attise un feu. Sur le devant Cérès apporte une corne d'abondance remplie de fruit. *Cum Bacchi et Cereris* etc. - - *HG* - - *Anno* 1595. Ce morceau est un des plus beaux et des plus rares de l'oeuvre de *Goltzius*. Planche ronde.

Diamètre : 5 pouces, 6 lignes.

156.

Andromède attachée à un rocher, pour y être devorée par un monstre marin. *Soluitur Andromede scopulo* etc. - - *Henricus Goltzius inuent. et sculptor. A°. 1583.*

Hauteur : 6 pouces, 9 lignes. La marge du bas : 6 lignes. Largeur : 5 pouces, 4 lignes.

157.

Mercure jouant de la flûte, à côté d'Argus qui s'endort. *HG f.* Petite estampe de forme ovale.

Diamètre de la hauteur : 3 pouces, 1 ligne ; celui de la largeur : 2 pouces, 4 lignes.

158.

Thisbé se jettant sur une épée, près de Pyrame étendu mort. *Goltzius.* 1580. Ce

nom et cette année sont écrits à rebours.
Très petite estampe de forme ovale.

Diamètre de la hauteur : 1 pouce, 10 lignes ; celui de la largeur : 1 pouce, 4 lignes.

159.

Le pendant de ce morceau, où est représenté Léandre prèt à passer à la nage l'Hellespont, pour voir Héro, sa maitresse.

160.

Vénus debout, regardant l'Amour qui est devant elle, et sur la tète duquel elle pose sa main gauche. *Goltzius fe.* Très petit morceau, gravé d'un burin extrémement fin, dans le goùt des *Wierx*, sur une planche ovale.

Diamètre de la hauteur : 2 pouces ; celui de la largeur : 1 pouce, 6 lignes.

Ce morceau porte vers le haut le numéro 5, et le signe de Vénus la planete ♀, ce qui peut faire croire qu'elle fait partie d'une suite de sept estampes semblables : mais nous n'avons jamais vu que celui-ci.

E. PORTRAITS CONNUS.

161.

Boll (Jean) peintre de Malines, en buste, dans un cartouche ovale au dessus duquel sont deux génies occupés à dessiner. *Joan-nes Bollius* etc. -- *Caelatam Vitrici effigiem* etc. -- *M. D. XCIII.* -- *HG*.

Hauteur : 9 pouces, 7 lignes. Largeur : 6 pouces, 7 lign.

162.

Autre portrait du même, en buste, vu de trois quarts, dirigé vers la gauche et éclairé du côté droit. La marque *HG* se trouve au dessus de l'épaule gauche. Petite planche ovale.

Diamètre de la hauteur : 2 pouces; celui de la largeur : 1 pouce, 7 lignes.

Bourbon (Charlotte de) Voyez : *Nassau.*

163.

Broeckhor (Jean) Bourg-maître de la ville de Leyde, en buste. *Geluck voor Gunst. Aetat. suae 66. HGoltzius* A°. 1579. -- *J. v. Broeckhor. Burg. M. der Stad Leiden.* Pièce ovale.

Diamètre de la hauteur : 2 pouces, 10 lignes; celui de la largeur : 2 pouces, 2 lignes.

164.

Cornhert (Theodor) d'Amsterdam, peintre et graveur, musicien, maître en fait d'armes, et auteur de plusieurs traités de poësie et de controverse, représenté en buste dans un ovale. *Theodorus Corn-*

hertus, ad vivum depictus, et aeri incisus ab H. Goltzio. Planche ovale.

Diamètre de la hauteur : 15 pouces, 10 lignes ; celui de la largeur : 11 pouces, 9 lignes.

On a ensuite imprimé cette planche dans un passe-par-tout de forme carrée, dont les quatre angles présentent des trophées composées de différens instrumens qui désignent les arts et les sciences par lesquelles Cornhert s'est rendu célèbre. Au bas sont quatre vers latins qui commencent : *Qui veri studio* etc.

La hauteur de ce passe-par-tout est de 19 pouces, 3 lignes, sur une largeur de 9 pouces, 2 lignes.

Ce morceau est un des plus beaux ouvrages de gravure de *Henri Goltzius.* Il semble que, par un motif de reconnoissance, il ait voulu montrer tout ce qu'il étoit capable de faire dans le portrait de celui de qui il avoit appris les principes de l'art de la gravure.

165.

Dannemarc (Fréderic II., roi de) à mi-corps. *Fridericus II. D.G. Daniae Norvegiae etc. Rex - - Goltzius sculp. - -Cornelij excud.*

Hauteur : 7 pouces, 6 lignes. La marge du bas : 7 lignes. Largeur : 5 pouces, 11 lignes.

166.

Autre portrait du même, représenté en buste, et armé d'une cuirasse. *Fridericus II. D. G. Daniae Norvegiae etc. Rex. Obiit* A°. 1588 etc. - - *HG. fecit.* A°. 90. Planche ovale.

Diamètre de la hauteur: 5 pouces; celui de la largeur: 3 pouces, 7 lignes.

167.

Dwenvoorden (Jean de) amiral de Hollande, et curateur des digues de Rinlande, à mi-corps, dans une forme ovale. *Effigies V. N. Jani a Dvvenvoorden etc. etc. - - HGoltzius fecit.*

Hauteur: 7 pouces, 8 lignes. Largeur: 4 pouces, 10 lign.

168.

d'Egmont (Françoise) à mi-corps, tenant de l'une de ses mains une tête de mort. Dans une forme ovale. *Damoiselle Franchoyse Degmont. - - HGoltzius fecit. - - Harman Adolfz excudit. Haerlemensis.*

Hauteur: 7 pouces, 7 lignes. Largeur: 5 pouces, 4 lignes.

Il y a de ce morceau des épreuves avant l'adresse *de Herman Adolfz.*

169.

Forestus (Pierre) docteur en médecine

à Leyde, à mi-corps. *Aetat. suae* 64. A^o
1586. -- *IG* -- *Ceu viuum et videas* etc.

Hauteur : 3 pouces, 9 lignes. La marge du bas : 1 pouce.
Largeur : 2 pouces, 11 lignes.

170.

Galle (Philippe) graveur à Anvers, à
mi-corps. *Henricus Goltzius fecit* 1582. --
In acre lector, ora etc.

Hauteur : 5 pouces, 8 lignes. La marge du bas : 2 pouces,
4 lignes. Largeur : 5 pouces.

171.

Gols (Jean) de Kaiserswerdt, peintre
sur verre, père de Henri Goltzius. *Johan
Gols van Kaiserswerdt seines Alters* 44 --
Anno 1578. -- *Wan man als klan* etc. --
IGoltzius. Ce portrait est une des premières pièces qu'ait gravé *Goltzius*, du
moins où il ait mis son nom.

Hauteur : 5 pouces, 6 lignes. Largeur : 3 pouces, 9 lign.

172.

Goltzius (Henri) en grandeur naturelle.
Il est en buste, vu presque de face, et
tourné un peu vers la gauche. Il est vêtu
d'un habit bordé de fourure, porte une
fraise autour du cou, et a la tète couverte
d'une calotte. Au bas sont les noms *Hen-
dric Goltius*, écrits en grands caractères,

et un écusson d'armes avec une tête d'aigle. Pièce ceintrée par le haut. Très rare.

Hauteur : 21 pouces, 4 lignes. Largeur : 15 pouces, 9 lignes.

173.

Henri IV, roi de France et de Navarre, ayant les colliers des ordres de S. Michel, et du St. Esprit. En buste. *Ce grand Roy etc. - - Goltzius sculp. - - Avec priuil. du Roy. Paules de la Houue excudebat. Au Palais. - - Harman Adolfz excudit Haerlemensis.*

Hauteur : 11 pouces, 6 lignes. La marge du bas : 1 pouce, 2 lignes. Largeur : 9 pouces, 1 ligne.

On a des épreuves postérieures, où l'adresse de *P. van Houue* est effacée.

Il y a de ce morceau une copie assez bonne, faite par *Jean Eillart Frisius.*

Hauteur : 13 pouces, 3 lignes. La marge du bas : 1 pouce, 11 lignes. Largeur : 10 pouces, 3 lignes.

174.

Autre portrait du même, armé d'un hausse-cou, et ayant la tête couverte d'un chapeau, en buste. *Henricus 4. D. G. Rex Francorum et Navaerre aet. 40. - - Goltzius fecit. - - A°. 1592. Planche ovale.*

Diamètre de la hauteur : 4 pouces, 6 lignes. Largeur : 3 pouces, 4 lignes.

175.

Leycestre (Robert, comte de) lieute-
nant général des troupes de la reine d'Angleterre aux Pays-bas ; en buste. *Robertus
Comes Leycestriae* etc. Cette inscription
est à rebours - - *HG Fe*. Ce chiffre, pareillement à rebours, est marqué en très petits caractères sur l'épaule droite. Planche
ovale. On prétend que cette pièce, qui a
été exécutée avec un grand soin, est gravée sur argent. Elle est rare.

Diamètre de la hauteur: 2 pouces, 3 lignes ; celui de la
largeur : 1 pouce, 11 lignes.

176.

Mercator (Gérard) célèbre géographe,
à mi-corps. *Magna Pelusiacis debetur* etc. - -
Gerardi Mercatoris Rupelmundani etc. - -
CIƆ. IƆ. LXXIV. Ce morceau est des premières manières de *Henri Goltzius* ; il ne
porte ni nom, ni chiffre.

Hauteur : 7 pouces, 3 lignes. Largeur : 5 pouces, 5 lign.

177.

Nicquet, représenté en manteau et avec
une fraise autour du cou, à mi-corps. *Non
nec ista quesivi* etc. - - *Tu mea non vultum*
etc. - - *HG* - -

Hauteur: 4 pouces, 11 lignes. La marge du bas : 7 lignes.
Largeur : 3 pouces, 11 lignes.

178.

d'Orange (Guillaume de Nassau, prince) à mi-corps ; dans une forme ovale, entourée d'ornemens et de divers sujets emblématiques. *Guilelm, D.G. Pr. Avraicae* etc. -- *Goltzius fecit -- Impia vis fremat* etc.

Hauteur : 9 pouces, 10 lignes. Largeur : 6 pouces, 9 lignes.

179.

Le pendant du morceau précédent, qui représente le portrait de Charlotte de Bourbon Montpensier, femme de Guillaume prince d'Orange. - - *Carola Borbonia D. G. Prin. Aur.* etc. - - *Goltzius fecit -- Huius me curae sociam* etc.

180.

Ortelius (Abraham) célèbre géographe, en buste. Planche ronde gravée par *H. Goltzius* pour *Philippe Galle. Spectandum dedit Ortelius* etc.

Diamètre : 2 pouces 1 ligne.

181.

Plantin (Christophe) imprimeur à Anvers, à mi-corps. Il est représenté traçant un cercle avec un compas, autour duquel on lit sa devise : *Labore et constantia -- Goltzius fecit. - - Christophorus Plantinus*

Architypographus etc. - -*Plantinum tibi, spe-
ctator* etc.

Hauteur : 5 pouces , 2 lignes. La marge du bas : 2 pouces,
3 lignes. Largeur : 4 pouces , 8 lignes.

On trouve , quoique rarement , des premières épreuves de cette estampe , avant
le nom de *C. Plantinus.*

182.

Rantzau (Henri) gouverneur pour le
roi de Dannemark , des duchés de Schles-
wick , de Holstein et de Wismar, à mi-
corps. *HG. F.* - - *Fortior est qui* etc. - - *Henricus Rantzovius, Joh. Rantzovii F.* etc.

Hauteur : 6 pouces , 7 lignes. Largeur : 5 pouces.

183.

Scaliger (Joseph) en buste , dans une
forme ovale , entre Mercure et Uranie.
Josephus Scaliger Jul. Caesaris f. etc. - -
*Josephi visi tibi tantum in imagine picta
hanc tibi dat vivam Goltzius effigiem.*

Hauteur : 10 pouces. Largeur : 7 pouces , 2 lignes.

184.

Scaliger (Jules César) célèbre critique ,
pareillement en buste, dans une forme ovale , accompagnée de figures symboliques
qui représentent Apollon et Minerve. *Julius
Caesar Scaliger Aet. LXXIIII.cɔ.ɔ.LVIII*

-- Expressus plumbo fuerat: nunc vivido in aere caelavit lima hunc Goltzius artifici.

Hauteur : 10 pouces. Largeur : 7 pouces , 2 lignes.

185.

Spronck (C. van der) en buste. *Amouz le tans se pas. C. V. der Spronck.* A♀ 81. *Goltz fe.* Cette inscription est à rebours. Planche ovale.

Diamètre de la hauteur : 1 pouce, 8 lignes ; celui de la largeur : 1 pouce , 3 lignes.

186.

Stewecchius (Godeschalch) auteur d'un commentaire sur Vegéce, en buste. - - *Goltzius fecit.* A♀ 1583. - - *Godescalcus Stewechius Anno Aetatis XXXII.* Planche ovale.

Diamètre de la hauteur : 3 pouces , 10 lignes ; celui de la largeur : 3 pouces.

187.

Stradan (Jean) peintre de Bruges, en buste, dans un ovale entouré de trois femmes qui représentent la peinture, le dessin et l'architecture. *Goltzius fecit.* Ces mots sont écrits à rebours. *Joannes Stradanus Flander Brug. Pictor.* Ce morceau est du tems des premières manières *de H. Goltzius.*

Hauteur : 8 pouces , 1 ligne. Largeur : 5 pouces.

188.

Westcappelle (Adrien van) âgé de 58 ans en 1584, en buste. *Goltzius fecit. Adriaen van Westcappelle* etc. Ces inscriptions sont à rebours. Planche ronde.

Diamètre : 3 pouces.

189.

Zurenus (Jean) à mi-corps. *HG fecit.-- Johannes Zurenus. Aº aetat. 71. Domini 88.-- Corporis effigiem expressit quam Goltzius aere, Heemskerkus docta pinxit et ante manu* etc.

Hauteur : 4 pouces, 9 lignes. La marge du bas : 1 pouce, 3 lignes. Largeur : 3 pouces, 7 lignes.

On a de ce morceau des premières épreuves, où l'écusson d'armes qui est vers le haut de la droite, ne se trouve pas *).

---

*) Mr. le Comte de Fries possède une superbe épreuve de ce morceau qui est non seulement avant les armoires, mais même avant toutes lettres. Au bas de cette épreuve est écrit par une main de quelque contemporain : *Verehrt von Hrn Golzius In harlem den 17 Mayo Ao. 1590, ist sein letstes gewest so er In kupfper gestochen hat.* C'est-à-dire : *M'a été donné pour présent, par le sieur Goltzius de Harlem, le 17 de Mai en l'an 1590. C'est l'éstampe qu'il a gravée la dernière.* Il y a apparence que cette épreuve a été présentée par *Goltzius* à quelque artiste ou amateur Allemand, à l'occasion de son voyage en Allemagne, qu'il entreprit cette année.

190.

Un jeune homme, fils de Theodoric Frisius, peintre hollandois demeurant alors
à Venise, représenté avec un grand chien
de chasse, et un oiseau de proie sur le
poing gauche. *Theodorico Frisio Pictori
egregio aput Venetos amicitiae et filij ab-
sentis repraesentandi gratia D. D. -- Quid
tabula haec, quos Goltzius apto Vivere Phidiaca fecit in aere manu. -- Cum priuil. --
Sa. Cae. M. Anno 1597. HG.*

Hauteur : 12 pouces, 7 lignes. La marge du bas : 8 lignes.
Largeur : 9 pouces, 7 lignes.

Cette estampe, connue sous le nom du
chien de Goltzius, est une des plus rares
de l'oeuvre de ce maître.

On a de ce morceau plusieurs copies
dont cependant il n'y en a que deux qui
soient remarquables.

La première est faite par un anonyme,
dans le sens de l'estampe originale. La
taille n'en est ni si fine, ni si spirituelle,
cependant, sans le secours de la confron-
tation, on pourroit s'y méprendre. Voici
les particularités auxquelles on peut aisé-
ment la distinguer. 1mo. La lettre *C* du mot
Cum, qui dans l'original est adhérente à

l'*u* qui la suit, en est séparée dans la copie. 2do. Le mot *representandi* est écrit dans la copie *reprefentandi*, c'est-à-dire avec un *f,* au lieu d'un *s.* 3^tio. Il y a dans l'original un point après le mot *Mentem,* ainsi qu'une virgule après le mot *canis;* tandisque ce point et cette virgule sont omis dans la copie. 4to. Dans la copie les deux *i* du mot *Phidiaca* ne sont pas surmontés de points, comme dans l'original. 5to. Le mot *aere* est écrit dans la copie *cre.*

La seconde copie, pareillement gravée par un anonyme, est très exacte, mais comparée avec l'estampe originale, le burin y paroît plus cru. Toutes les inscriptions sont les mêmes, mais au lieu du chiffre de *HG*, il s'en trouve un autre, composé des lettres *R G,* et au lieu des mots : *Cum privil.* etc. est écrit : *Cesar capranica excudit Romae Anno* 1599.

La dimension est la même que dans l'original.

Nous ne croyons pas devoir passer sous silence une troisième copie quoiqu'elle soit en sens contraire de l'original; car elle est bien gravée qu'elle mérite à tous égards l'attention des amateurs. Elle est faite par un anonyme, et marquée vers le bas de la droite : *HGoltius invent. P. Goos excudebat.*

On en a des épreuves postérieurs, où le nom de *P. Goos* est remplacé par celui de *J. de Ram ;* mais elles sont très foibles.

Il y a aussi une quatrième copie qui mérite des égards; elle est en contre-partie de l'original, et de plus petite forme. Le graveur ne s'y est point nommé, mais il est sans contredit *Crispin de Passe.*

Hauteur : 7 pouces, 1 ligne. La marge du bas : 9 lignes.

Largeur : 5 pouces, 5 lignes.

F. PORTRAITS ANONYMES.

191.

Une femme en buste. *In lieden geduldich. Aetatis suae* 30. *A.* 1580. *HGoltzius fecit.* Planche ovale.

Diamètre de la hauteur : 1 pouce, 6 lignes; celui de la largeur : 1 pouce, 2 lignes.

192.

Un homme en buste. *Toujours ou jamais. Aeta.* 23. C'est le portrait d'Arnaud Beerestein. Il ny a ni le nom, ni le chiffre de l'artiste. Planche ovale.

Diamètre de la hauteur : 1 pouce, 8 lignes ; celui de la largeur : 1 pouce, 3 lignes.

193.

Jeune homme, en buste. *Stantvastich ten eynde. aetat. XX.* 1579. - - *Goltzius f.* Planche ovale.

Diamètre de la hauteur : 1 pouce, 9 lignes. Largeur : 1 pouce, 5 lignes.

194.

Un homme en buste, vu de trois quarts et dirigé vers la gauche d'où vient le jour. *Obdura. aetatis suae* 26. A° 1580. Ce morceau est difficile à trouver. Il n'y a ni le nom, ni le chiffre de *Goltzius.* Planche ovale.

Diamètre de la hauteur : 1 pouce, 10 lignes ; celui de la largeur : 1 pouce, 4 lignes.

195.

Ce même portrait gravé une seconde fois, mais en contre partie du précédent.

Même dimension.

196.

Un homme en buste. *Vive moriturus, ut moriendo vivas. Aeta. suae* 38. A° 1579. *Goltzius. NB.* Le mot *moriturus* est exprimé par une tete de mort, et *moriendo,* par un cercueil. Planche ovale.

Diamètre de la hauteur : 1 pouce, 10 lignes ; celui de la largeur : 1 pouce, 5 lignes.

197.

Un homme en buste. *Fortune est telle. Aetat. sv.* 17. Le nom de *Goltzius* est tracé au bas de la planche, sur le bord, en caractères très foiblement exprimés. Planche ovale.

Diamètre de la hauteur : 1 pouce, 10 lignes ; celui de la largeur : 1 pouce, 5 lignes.

198.

Un jeune homme en buste, vu presque de face. *Goltzius fe.* A.° 1583. VERTV VRAY HONNEVR. AETAT. SVAE XXIIII. Toute cette inscription est à rebours. Planche ovale.

Diamètre de la hauteur : 1 pouce, 10 lignes ; celui de la largeur : 1 pouce, 6 lignes.

199.

Homme en buste. *Unde eo omnia. Acta. suae* 22. *Goltzius* A.° 1580. Cette inscription est à rebours. Planche ovale.

Diamètre de la hauteur : 1 pouce, 11 lignes ; celui de la largeur : 1 pouce, 5 lignes.

200.

Homme en buste. *Moderata durant. Aetatis suae* 32. *Goltzius fec.* 1580. Planche ovale.

Diamètre de la hauteur : 2 pouces, 6 lignes ; celui de la largeur : 1 pouce, 11 lignes.

201.

Un seigneur hollandois, en buste. *Be-mindt Gherechticheyt. Aetat. suae* 47. *Anno* 1579. *HGoltzius fecit.* Planche ovale.

Diamètre de la hauteur : 2 pouces, 10 lignes ; celui de la largeur : 2 pouces, 2 lignes.

202.

Jeune homme en buste. *In medio consistit virtus. Aeta. suae.* 26. A°. 1585. *HG fe.* Planche ovale.

Diamètre de la hauteur : 2 pouces, 10 lignes ; celui de la largeur : 2 pouces, 2 lignes.

203.

Un seigneur hollandois, en buste. *Aensjet den Tyt. Aeta. suae* 34. *HGoltzius fec.* Planche ovale.

Diamètre de la hauteur : 3 pouces ; celui de la largeur : 2 pouces, 3 lignes.

204.

Un homme à mi-corps, mésurant avec le compas un globe terrestre. *L'homme propose et dieu dispose.* A°. 1583 - - *HGoltzius fe.* C'est le portrait de Nicolas de Daventer, mathématicien.

Hauteur, y compris la marge du haut : 3 pouces, 3 lignes. Largeur : 2 pouces, 11 lignes.

205.

Autre portrait du même, dans une attitude pareille, mais toutefois avec des changemens considérables. *L'homme propose* etc. -- A°. 1595. *HG*.

Hauteur : y compris la marge du haut : 3 pouces, 5 lignes. Largeur : 2 pouces, 11 lignes.

206.

Un homme en buste. *Godt verzacht.* -- *HGoltzius fecit.* 1582. Planche ovale.

Diamètre de la hauteur : 3 pouces, 7 lignes ; celui de la largeur : 2 pouces, 9 lignes.

207.

Un homme en buste. *Bene agere et nil timere. Aetatis suae.* 30. A°. 1583. *HGoltzius fecit.* Planche ovale.

Diamètre de la hauteur : 3 pouces, 9 lignes ; celui de la largeur : 2 pouces, 10 lignes.

208.

Un homme en buste. Dans le lointain, qui lui sert de fond, on découvre la vue d'une place publique. *HGoltzius fecit.* Ce nom est écrit au haut, dans la bordure. *Vt cito prima* etc. Planche ovale.

Diamètre de la hauteur : 3 pouces, 11 lignes ; celui de la largeur : 3 pouces.

209.

Un homme à mi-corps, tenant de la main gauche un livre, et posant l'autre sur la tête d'un chien. *HG Fe.--Moribus antiquis Aetat.* 40. A°. 1587. C'est le portrait de Juste Lipse, professeur d'histoire à l'académie de Leyde.

Hauteur : 4 pouces, 7 lign. Largeur : 3 pouces, 8 lign.

On a de ce morceau une copie faite trait pour trait en contre-partie par un anonyme. Le chiffre de *Goltzius* ne s'y trouve pas. On lit dans la marge : *Justus Lipsius. Juste, decus Patriae* etc.

Même dimension que l'original.

210.

Une femme avancée en âge, assise dans un fauteuil devant une table, près d'une fenêtre ouverte qui présente la vue d'un paysage. *HGoltzius fecit.-- Damnosa quid non* etc. C'est le portrait de Catharine Decker.

Hauteur : 4 pouces, 6 lignes. La marge du bas : 1 pouce, 4 lignes. Largeur : 4 pouces, 4 lignes.

211.

Un homme occupé à écrire. Il est vu à mi-corps, dans une forme ovale, au dessus de laquelle sont deux femmes qui désignent la rhétorique et la musique. *HGol-*

sius - - 1578 - - Moribus exornata fides etc. - -
Eerbaer zyt, schout twist etc.

Hauteur: 6 pouces, 6 lignes. Largeur: 4 pouces, 3 lign.

212.

Un général d'armée, représenté s'appuyant d'une main sur son épée, et de l'autre sur son casque; à mi-corps, dans une forme ovale, entourée de trophées d'armes. *HG Fe. - - Leges tueri, et patriam* etc. - - *Herman Adolfz excudit. Harlem.* C'est le portrait de N. de la Faille, gentil-homme des Pays-bas.

Hauteur: 7 pouces, 4 lignes. Largeur: 4 pouces, 10 lign.

On trouve, mais très rarement, des premières épreuves de ce portrait, avant l'inscription autour de l'ovale. Ces épreuves diffèrent aussi en ce qu'on lit les mots *Jamais Faille,* au lieu de l'adresse de *Herman Adolfz* qui est marquée dans le petit cartouche, vers le bas de l'estampe *).

213.

Une dame (l'épouse du précédent) représentée avec un mouchoir à une main,

---

*) Mr. le Comte de Fries possède une épreuve, peut-être unique de ce morceau, qui est avant toute lettre, et avant que l'enseigne et les soldats, qui se voient dans le fond, ainsi que les armoires, y aient ete graves.

et posant l'autre sur une tête de mort; à mi-corps, dans une forme ovale, au dessus de laquelle sont deux femmes qui chantent, et qui jouent des instrumens. *Goltzius fecit.* 1589 - - *Sequi parata, sive* etc.

Ce morceau fait le pendant du précédent, et en la même dimension.

214.

Portrait d'un gentil-homme hollandois qui dirige ses pas vers la droite de l'estampe. Il porte sa main gauche sur la poitrine, et tient de l'autre deux fleurs qui sont entourées de ces mots: *Sic transit gloria mundi - - Goltzius fecit.* A°. 1582, le chiffre 2 étant écrit à rebours. *Onghelyck ist leven der menschen bevonden* etc.

Hauteur: 7 pouces, 10 lignes. La marge du bas: 1 pouce, 7 lignes. Largeur: 5 pouces.

215.

Un officier de guerre, représenté debout, et s'appuyant sur une hallebarde qu'il tient de la main gauche. *Goltzius fecit* A°. 1583 - - *Des lants weluaert* etc.

Hauteur: 8 pouces, 7 lignes. La marge du bas: 1 pouce, 5 lignes. Largeur: 5 pouces, 5 lignes.

On a de ce morceau une copie faite par un anonyme, mais avec cette différence qu'elle est en contre-partie de l'original, et que la tête représente d'autres traits. *Praeuius infractos reddo* etc.

Hauteur : 8 pouces, 3 lignes. La marge du bas : 6 lignes.
Largeur : 5 pouces, 6 lignes.

216.

Autre officier de guerre, représenté debout, et tenant sa hallebarde de la main droite. On voit, vers le fond à droite, un écusson d'armes suspendu sur un arbre, et entouré de cette devise : *Hodie, cras nihil -- Goltzius fecit.* 1582. -- *Mortales fugitis mortem* etc.

Hauteur : 8 pouces, 6 lignes. La marge du bas : 1 pouce, 8 lignes. Largeur : 5 pouces, 7 lignes.

On a de ce morceau une copie assez trompeuse, faite par un anonyme. On la distingue de l'original en ce que les mots *Goltzius fecit* ne s'y trouvent pas, et qu'au lieu de l'année 1582, il y a celle de 1587. De plus, le petit arbre que l'on apperçoit dans le lointain, entre les deux jambes de la figure, est entièrement omis dans cette copie.

La planche de cette copie a servi depuis pour un portrait de *Martin Schenck de Nydecken* dont un très mauvais graveur a substitué la tête à la place de l'autre. Ce même graveur a changé la fleur dans l'écusson d'armoiries en un lion, ainsi que l'année 1587 en celle de 1589. Vers le haut de la droite est écrit : *Der edle und gestrenge Martin Schenck von Nydecken* etc. Les épreuves de cette copie, dans l'état des changemens dont nous venons de parler, sont très mauvaises.

217.

Autre officier de guerre, portant un drapeau qu'il appuye sur son épaule droite. *HG.F. -- Voyant vostre angelyque face* etc.

Hauteur : 7 pouces, 10 lignes. La marge du bas : 1 pouce, 1 ligne. Largeur : 4 pouces, 5 lignes.

218.

Autre officier de guerre, tenant un drapeau de sa main gauche élevée. *HGoltzius fecit. -- A°. 85.*

Hauteur : 7 pouces, 4 lignes. La marge du bas : 7 lignes. Largeur : 5 pouces, 8 lignes.

On a de ce morceau une copie assez bonne, gravée par *Pierre Maes*, en contre-partie de l'original. *Ich bein ein Fendrich* etc. -- *Petrus Maes Fecit et excu. -- A°. 86.*

La dimension est celle de l'estampe originale.

219-225.

Les rois d'Angleterre, représentés debout en différentes attitudes. Suite de sept estampes destinées à être collées ensemble.

Les trois premières portent 10 pouces, 6 lignes, les quatre autres 14 pouces de largeur, sur une hauteur de 5 pouces, 4 lig.

1) Le trône du royaume d'Angleterre, un héraut et Guillaume, le conquérant. *HG fecit.* A°. 1584.
2) Guillaume II, Henri I, et Etienne.
3) Henri II, Richard coeur de lion, et Jean sans terre.
4) Henri III, Edouard I, Edouard II, et Edouard III.
5) Richard II, Henri IV, Henri V, et Henri VI.
6) Edouard IV, Edouard V, Richard III, et Henri VII.
7) Henri VIII, Edouard VI, Marie, et Elisabeth.

G. CLAIR-OBSCURS DE TROIS COULEURS,

ET AUTRES PIÈCES GRAVÉES EN BOIS PAR HENRI GOLTZIUS SUR SES PROPRES DESSINS.

226.

S. Jean Baptiste dans le désert, ayant auprés de lui des cigalles et un rayon de miel, alimens dont il se nourissoit; en demi-corps.

Hauteur : 8 pouces, 9 lignes. Largeur : 5 pouces, 3 lign.

On trouve quelquefois des épreuves de ce morceau, où on lit au bas : *t'Amsterdam, Ghedruckt by Willem Jansen,* ce qui est imprimé avec des caractères d'imprimerie.

227.

Sainte Madeleine faisant pénitence de ses péchés dans le désert; à mi-corps. *KG.f.*

Hauteur : 5 pouces. Largeur : 4 pouces, 3 lignes.

228.

Bacchus, dieu de la vendange, représenté debout, tenant de la main gauche des raisins, et de l'autre une coupe.

Hauteur : 8 pouces, 9 lignes. Largeur : 5 pouces, 4 lign.

229.

Le dieu Mars debout et armé de sa lance et de son bouclier. *KG.*

Hauteur : 8 pouces, 11 lign. Largeur : 5 pouces, 4 lign.

230.

Le même dieu, armé seulement d'une lance; à mi-corps. *KG.*

Hauteur : 9 pouces, 2 lign. Largeur : 6 pouces, 6 lign.

231.

Hercule tuant Cacus. *KGoltzius Inue.* Aº 88.

Hauteur : 15 pouces. Largeur : 12 pouces, 3 lignes.

232 - 237.

Quelques divinités de la fable. Suite de six pièces de forme ovale.

Diamètre de la hauteur : 13 pouces ; celui de la largeur : 9 pouces, 6 à 10 lignes.

1) Neptune, dieu des eaux, porté par une baleine. *HG*. *F.*

2) Pluton, dieu des enfers, ordonnant dans son royaume. Il est debout près d'un grand vase qui représente la source des quatre fleuves Lethe, Cocytus, Phlegethon et Acheron. *HG*. *fe.*

3) Helius environné du feu du soleil. *HG*. *fe.*

4) Galathée sur un char traîné par des dauphins. *HG fe.*

5) Flore assise sur une butte au pied d'un arbre, tenant un bouquet de fleurs de la main gauche élevée au dessus de sa tête.

6) La déesse de la nuit, traînée dans son char par des chauves souris ; et conduisant le sommeil qui est représenté par une femme couronnée de pavots. *HG*. *f.*

238.

Un magicien faisant ses enchantemens

dans le creux d'un rocher. Pièce ovale de la grandeur de six précédentes.

239.

Portrait en buste d'un homme vu presque de face, ayant des cheveux crépus, et portant une fraise autour du cou. Les lettres *HG f.* sont marquées au haut de la pièce, à droite.

Hauteur : 7 pouces, 6 lignes. Largeur : 5 pouces, 2 lignes.

240.

Un jeune homme vêtu d'un habit léger et d'un petit mantelet flottant. Il est debout et tourne son regard vers le ciel. Il a la main droite posée sur sa hanche, et tient un bâton de l'autre. Le fond est un paysage, où l'on voit à gauche quelques colonnes. La marque *HG* se trouve au bas de la droite.

Hauteur : 4 pouces. Largeur : 2 pouces, 4 lignes.

241.

Un paysage où l'on remarque sur le devant un berger qui garde ses moutons, et dans l'éloignement, un petit temple antique bâti sur une éminence.

Largeur : 9 pouces, 2 lignes. Hauteur : 6 pouces, 7 lignes.

242 - 245.

Différens paysages. Suite de quatre pièces.

Largeur: 5 pouces, 4 à 5 lignes. Hauteur: 4 pouces, 3 lignes.

1) Un moulin bâti sur le bord d'un torrent qui forme une triple cascade. Le chiffre *HG* est marqué à gauche vers le bas de la planche.

2) Un paysage, au milieu duquel on voit un homme et une femme qui se reposent sur le bord du chemin, au bas d'un groupe d'arbres. Le chiffre *HG* est marqué au milieu du bas de la planche.

3) Une ferme. On voit vers la gauche une femme près d'un puits, et à droite marche un paysan accompagné d'un chien. Le chiffre est marqué au milieu du devant.

4) Un rocher escarpé sur le bord de la mer. Le chiffre *HG* est tracé sur un quartier de rocher qui est sur le devant, vers le milieu de la planche.

On a une copie de la première de ces pièces, faite à l'eau-forte par un anonyme, en contre-partie de la gravure en bois.

246.

Un sujet de marine qui représente vers

le milieu un vaisseau à plusieurs voiles. On voit vers le devant à droite, trois hommes dans une petite barque, et à quelque distance s'élève un rocher. Ce morceau a été gravé par *H. Goltzius* d'après le dessin d'un maître inconnu qui s'est désigné par un monogramme composé des lettres *C* ou *G* et *W.*

Largeur : 7 pouces, 10 lignes. Hauteur : 6 pouces, 7 lign.

II. PIÈCES GRAVÉES D'APRÈS LES DESSINS DE DIFFÉRENS MAITRES.

D'après Theodore Barentsen, nommé Theodore Bernard.

247.

Une assemblée de gentils-hommes et de dames venitiennes assistant à une fète de nôces qui se donne dans une loge dont la vue s'étend sur la mer. *Theodorus Bernardus Amsterodamus inuentor - - Henricus Goltzius sculptor. A°. 1584. - - Hic Antenorei connubia magna* etc. Grande pièce de deux morceaux collés ensemble.

Largeur : 27 pouces. Hauteur : 14 pouces, 6 lignes. La marge du bas : 1 pouce, 4 lignes.

D'après Polydore Caldara, nommé Caravaggio.

248.

Deux Sybilles debout, l'une à côté de l'autre. *Duae Sybillae Romae extra Portam S. Angeli à Polidoro quondam depictae* etc.

Hauteur : 9 pouces, la marge de 4 lignes y comprise. Largeur : 6 pouces.

249 - 256.

Les principaux Dieux grecs, peints à fresque à Monte-cavallo. Ils sont représentés debout dans des niches, chacun avec les attributs qui le caractérisent. Suite de huit estampes.

Hauteur : 13 pouces. Largeur : 7 pouces, 10 lignes.

1) Jupiter. *Polidorus Inue. - - HG sculp.*

2) Neptune. *Polidorus Inue. - - HG sculptor.*

3) Pluton. *Polidorus Inue. - - HG sculptor.*

4) Vulcain. *Polidorus Inue. - - HGoltzius sculp.*

5) Apollon. *Polidorus Inue. - - HG sculptor.*

6) Mercure. *Polidorus. - - HG sculp.*

7) Bacchus. *Polidorus Inue. - - HG sculp.*

8) Saturne. *Anno 1592 - - Octo gentium Dij* etc.

Les épreuves dont cette pièce Nr. 8.

porte l'adresse : *G. Valk excudit*, sont foibles.

D'après Augustin Carrache.
257.

Vénus assise au pied d'un arbre, tenant des raisins d'une main, et recevant de l'autre des épis de bled, que l'Amour lui présente. Ce morceau a été gravé par *Goltzius* d'après une estampe *d'Augustin Carrache* où l'Amour est représenté endormi, et dans une autre attitude. *HG I. - - Sine Cerere et Baccho friget Venus.* Planche ronde.

Diamètre : 3 pouces, non compris la bordure blanche, dans laquelle se trouve l'inscription, et qui porte 3 lignes environ.

On a de ce morceau une copie très belle et très trompeuse. On la reconnoît à ce que le chiffre *HG* n'est pas suivi de la lettre *I*, et que le mot *Baccho* est écrit avec deux *CC* qui se suivent, tandisque dans l'estampe originale ce double *C* est exprimé par un petit *c* placé dans un grand.

D'après Corneille Cornelis.
258 - 261.

Les quatre sujets connus sous le nom

des culbuteurs. Suite de quatre estampes.
Planches rondes.

Diamètre : 11 pouces , 5 à 6 lignes. La bordure marginale : 5 lignes.

1) La chûte de Tantale. *CC. Pictor Inue.
  Goltzius sculpt.* A°. 1588. -- *Tantalus
  in Mediis residens.* etc.

2) Celle d'Icare. *CC. Inue. IG sculp.* - -
  Scire , dei mundus etc.

4) Celle de Phaeton. *CC. Pictor Inue. IG
  sculp.* -- *Non ambire probat* etc.

4) Celle d'Ixion. *C. Corneli Pictor Inue.* --
  IG sulp. - - *Cui sibi cor prurit* etc.

On a de ces quatre morceaux des copies assez bien gravées par un anonyme,
et mises au jour par *Conrad Goltzius.* Ces
copies sont plus petites et en contre-partie des originaux.

Diamètre : 6 pouces , 1 ligne. Le bord marginal : 4 lign.

262.

Les compagnons de Cadmus dévorés
par un dragon. *Hasce artis primitias C.
C. pictor Inuent. Simulque Goltz. sculpt.*
etc. - - A°. 1588. - - *Dirus Agenoridae la-
niat* etc.

Largeur : 11 pouces , 7 lignes. Hauteur : 9 pouces. La
marge du bas : 3 lignes.

D'après Antoine Montfort, nommé Blockland.

263.

Loth sortant avec sa famille, de la ville de Sodome. *Antonius Blocklandt inuent. Henricus Goltzius sculp. et excude. gedruckt tot Haerlem - - A°. 1582 - - Ne justus pereat* etc.

Largeur: 14 pouces, 8 lignes. Hauteur: 11 pouces, 7 lignes. La marge du bas: 10 lignes.

264.

Jésus Christ sortant glorieux du tombeau, le jour de sa résurrection. *A. Blocklant inuentor. Henricus Goltz sculp. - - Phil. Galle excu. Quoniam non dereliques* etc. Ce morceau est des commencemens de *H. Goltzius.*

Hauteur: 8 pouces, 10 lignes. La marge du bas: 6 lignes. Largeur: 7 pouces, 3 lignes.

265.

Le corps mort de Jésus Christ étendu sur son tombeau, à l'entour duquel sont rangés les quatre évangelistes. *A. Blocklandt inuentor. Henricus Goltzius sculp. et Excudebat Impressum Harlemi. A°. 1583. - - Mortuus humana Christus* etc.

Largeur: 16 pouces, 2 lignes. Hauteur: 11 pouces. La marge du bas: 1 pouce, 5 lignes.

D'après Jacques Palma.

266.

S. Jerôme priant devant un crucifix dans le désert. *Jacobus Palma Inuent. HGoltzius sculp. - - Cum privil. S. C. M. Anno* 1596. - - *Vir pietatis amans* etc.

Hauteur : 15 pouces. La marge du bas : 6 lignes. Largeur : 10 pouces , 3 lignes.

D'après Rosso de Rossi, nommé le maitre Roux.

267.

Hercule combattant contre le triple Gérion. *Rous inuet : Heinrich Golss fec. - - Herculeis Gereon punitur* etc. - - *J. C. Visscher excudit.* Ce morceau est des premières manières de *H. Goltzius.*

Largeur : 12 pouces, 9 lignes. Hauteur : 8 pouces, 4 lignes. La marge du bas : 7 lignes.

D'après François Salviati.

268.

Jésus Christ assistant aux nôces de Cana. *Francisco Salviati Florentino Inuentor - - HGoltzius sculptor - - Jacobus Matham sculptor excudit - - Sacrati quae jura* etc.

III. Vol.   F

Grande estampe de deux morceaux collés
ensemble.

Largeur : 25 pouces, 8 lignes. Hauteur : 22 pouces,
10 lignes. La marge du bas : 5 lignes.

Cette pièce a été gravée conjointement
par *H. Goltzius* et par *J. Matham.* En pré-
supposant, que chacun de ces deux artistes ait gravé une moitié de cette pièce,
il faut croire, que la gauche est du burin
de *H. Goltzius*, et la droite de *J. Matham.*

D'après Raphael Sanzio d'Urbin.
269.

Un prophète tenant un écriteau sur lequel est un passage de l'écriture sainte en
hébreux. Gravé sur un dessin de *Gaspar
Celio*, fait d'après le tableau de Raphael qui
est à Rome, dans l'église de St. Augustin.
*Istud suis coloribus --- ab H. Goltzio aeri
insculptum. Anno* 1592.

Hauteur : 11 pouces, 5 lign. Largeur : 7 pouces.

270.

Le triomphe de Galathée ; dessiné à Rome d'après la fameuse peinture de Raphael,
qui est au palais Ghigi, et gravé ensuite
en 1592. *Nerine spumante salo* etc.

Hauteur : 19 pouces, 6 lignes. La marge du bas : 1 pouce.
Largeur : 15 pouces, 2 lignes.

Les épreuves postérieures portent cette adresse : *J. C. Visscher excud.*

D'après Bartholomé Spranger.

271.

Adam et Eve se laissant séduire par le serpent. *Bartholomeus Sprang. inuent. Goltzius sculp. et excud. - - 1585 - - Dum gustant primi* etc.

Hauteur : 7 pouces , 4 lignes. La marge du bas : 6 lignes. Largeur : 5 pouces , 8 lignes.

272.

Judith tenant la tête d'Holopherne qu'elle vient de couper ; à mi-corps. *B. Spranger Inue. Goltzius sculp. - - Nemo suis nimium* etc. Planche ronde.

Diamètre : 5 pouces , 5 lignes. La bordure marginale : 5 lignes.

On a de ce morceau une copie faite avec assez d'exactitude , mais en contre-partie , par une anonyme. *B. Spranger in.* L'inscription de la bordure marginale est la même.

Diamètre : 5 pouces , 3 lignes.

273.

Un ange soutenant le corps mort de Jésus Christ sur le bord de son tombeau.

A°. 1587 - - *Illus. Generoso et Magnifico* etc.
O homo qui cernis etc.

Hauteur : 12 pouces. La marge du bas : 7 lignes. Largeur : 9 pouces, 4 lignes.

274.

La Vierge assise au pied d'une colonne et soutenant l'enfant Jésus qui est debout à son côté. S. Joseph est appuyé à gauche. *B. Spranger Inuen. - - Goltzius scup. et excu. A°. 1585. - - Infans ille piae* etc.

Hauteur : 5 pouces, 9 lignes. La marge du bas : 5 lignes. Largeur : 4 pouces, 3 lignes.

275.

La Vierge accompagnée de S. Joseph, et portant entre ses bras l'enfant Jésus auquel elle présente une poire ; à mi-corps. Gravé d'une manière fort libre. *B. Spranger Inuent. - - Goltzius sculp. - - Virgo Palestinas inter* etc.

Hauteur : 10 pouces. La marge du bas : 6 lignes. Largeur : 7 pouces, 9 lignes.

276.

Les amours de Mars et de Vénus. *B. Spranger Inuentor. Goltzius sculptor. A°. 1588 - - Mundi oculos Phoebus* etc. - - *Illu. mo. Domino. Dno. Octauio* etc.

Hauteur : 15 pouces, 8 lignes. La marge du bas : 7 lignes. Largeur : 12 pouces, 3 lignes.

On a de ce morceau des premières
épreuves où la dédicace , qui est au bas
de la droite , près du bouclier de Mars ,
ne se trouve point.

277.

Les dieux célébrant dans l'Olympe les
nôces de l'Amour et de Psychè. Grande
estampe de trois morceaux collés ensemble. *Barto.us Sprangers Ant. vs inven. Anno 1587. Goltzius sculp. et excud. - - Cla-
risso juxta ac illustri D. D.Wolfango Rumpf
- - qualemcunque operam D. D. - - En thalamos Psyche* etc. Cette estampe est rare.

Largeur : 31 pouces, 6 lignes. Hauteur : 15 pouces. La
marge du bas : 10 lignes.

D'après Jean van der Straet , vulgo Stradan.
278.

St. Jean Baptiste adorant l'enfant Jésus
qui est assis sur un coussin auprès de
l'agneau , et du globe terrestre. On apperçoit , vers le fond à droite , la Vierge priant
les mains élevées. *Joannes Strada inuen.
H. Goltzius sculp. - - Phls. Galle excud. - -
Cognato alludit Christus* etc. Planche octogone.

Hauteur : 6 pouces, 9 lignes, Largeur : 5 pouces.

279.

Eutyque ressuscité par S. Paul. *Jo. Strada. inue. P. Galleus excu. - - Protrahit in mediam paulus* etc. Ce morceau ne porte ni le nom, ni le chiffre de *Goltzius.*

Largeur: 9 pouces, 10 lignes. Hauteur: 6 pouces, 10 lignes. La marge du bas : 6 lignes.

280.

S. Paul piqué par une vipère dans l'île de Malthe. *Pelleret ut Paulus* etc. - - *HGoltzius sculp. - - Johan. Stradanus inuen. Philippus Galle excu.*

Meme grandeur que la pièce précédente.

Ces deux estampes qui' sont des premières manières de *Goltzius,* font partie d'une suite de trente six pièces qui représentent l'histoire des actes des apôtres, et que *Philippe Galle* a publiées en 1582 d'après les dessins de Martin Hemskerk et de Jean Stradan.

281 - 284.

Le jugement universel. Suite de quatre estampes ; des premières manières de Goltzius. Planches rondes.

Diamètre 8 pouces, 10 lignes. Bordure marginale : 5 lign.

1) La résurrection des morts. *Et mittet angelos* etc. - - *Joha. Strada. inuen. Phls. Galle Excu.*

2) Les anges séparant les bons d'avec les mauvais. *Congregabuntur ante eum* etc. — *Johannes Stradanus inuetor. Phls. Galle Excud.*

3) Les élus recevant leur recompense dans le ciel. *Venite Benedicti patris* etc. — *Joha. Stradanus inuen. Henricus Goltz. sculp.*

4) Les reprouvés précipités dans les enfers avec les démons. *Et inutilem seruum* etc. — *Johannus Stradanus inue.* — *Phls. Galle Excud.*

285 - 289.

Différens sujets de l'histoire de Jean de Médicis.

Largeur : 10 pouces, 9 à 11 lignes. Hauteur : 7 pouces, 4 à 5 lignes. La marge du bas : 7 à 8 lignes.

1) Défaite des troupes qui s'étoient mises en embuscade pour surprendre Jean de Médicis pendant la guerre de Parme. *Johannes Medices Parmensi bello* etc. — *Johannes Stradanus inuent : Philippus Galle excude.*

2) Combat singulier de Jean de Médicis contre un autre cavalier qu'il perce de sa lance. *Joh. Med. hostem fortiss.* etc. — *Joh. Stradanus inue. P. Galle excudit.*

3) François premier roi de France lui

donne des louanges, et recompense sa valeur. *Jo. Med. bello Tricinensi* etc. - - *Io-
hannes Strada. inuent.*

4) Il oblige les Suisses à retourner dans
leur pays. *Joha. Med. magnam Heluetio-
rum* etc. - - *Joh. Stra. inue. P. Galle excudit.*

5) Il est tué d'un coup de canon, à l'âge
de vingt neuf ans, en combattant contre
les impériaux, commandés par le conné-
table de Bourbon. *Joh. Med. cum impe-
tum* etc. - - *Johannes Stradanus inuent. Heinrich Golss fecit - - Philippus Galle excude.*

Les trois autres pièces qui entrent dans
cette suite composée de huit estampes,
ont été gravées par *Philippe Galle,* pareillement sur les dessins de *Jean Stradan.*

290.

Un cheval Toscan. *Tuscus acer medijs*
etc. - - *Johanis Stradanus inuentor. Henricus Goltzius sculptor.*

Largeur : 9 pouces, 11 lignes. Hauteur : 7 pouces, 4 lign.
La marge du bas : 5 lignes.

291.

Un cheval de Cabre. *Fortis et armipo-
tens* etc. - - *Goltzius fec. - - Jo. Strada. inue.
P. Galleus excu.*

Même dimension que la pièce précédente.

292.

Un cheval indompté, allant au galop. *Hic bellator equus* etc. - - *Jo. Strada. inue. P. Galleus excu.* - - *Goltzius fe.*

Largeur : 9 pouces, 10 lignes. Hauteur : 7 pouces, 2 lignes. La marge du bas : 8 lignes.

293.

Un combat de plusieurs chevaux. *Sic simul accensi* etc. - - *Johan. Strada. inuen. Henricus Goltzius scul.* - - *Phil. Gallaeus excud.*

Largeur : 10 pouces, 7 lignes. Hauteur : 7 pouces, 2 lignes. La marge du bas : 4 lignes.

Ces quatre estampes font partie d'une suite de quarante pièces gravées par différens graveurs d'après les dessins de *Jean Stradan*, et qui est intitulée : *Equile Joannis Austriaci Caroli V. Imp. f.*

D'après Martin de Vos.

294.

L'ange descendant du ciel, pour annoncer à la Vierge le mistère de l'incarnation. *Ecce sacer celsa* etc. - - *Martinus D. Vos inuentor. Henr. Goltzius sculptor.* - - *Aux 4 vents.*

Largeur : 10 pouces, 6 lignes. Hauteur : 7 pouces, 3 lignes. La marge du bas : 7 lignes.

295.

Le martyre de S. Thomas. *Thomas ad Eoos* etc. -- *M. D. Vos in. HGoltzius sculp.*

Largeur : 10 pouces, 7 lignes. Hauteur : 7 pouces. La marge du bas : 6 lignes.

296.

Celui de S. Paul. *Paulus amore dei* etc. -- *Henricus Goltzius sculp.*

Meme dimension que la pièce précédente.

Ces deux estampes sont des commencemens de notre artiste. Elles font partie d'une suite de douce pièces qui, à l'exception de ces deux de *Goltzius*, ont été gravées par *Wierix* et *Collaert* sur des dessins de *Martin de Vos*.

III. PIÈCES DOUTEUSES, C'EST-A-DIRE,

CELLES DONT ON NE SAUROIT ATTRIBUER LA GRAVURE A HENRI GOLTZIUS AVEC CERTITUDE, ET CELLES QUI LUI SONT FAUSSEMENT ATTRIBUÉES.

297.

La Vierge considérant l'enfant Jésus qui est couché auprès d'elle, et qui mange du fruit, en regardant S. Joseph qui lui montre une fleur; à mi-corps. *Et soror et mater* etc. - - *B. Spranger Inue. J. C. Visscher excu.*

Hauteur : 8 pouces, 2 lignes. La marge du bas : 5 lignes. Largeur : 6 pouces, 2 lignes.

Cette estampe est ordinairement attribuée à *Goltzius*; mais elle est gravée par *Pierre Jode le vieux.*

289. 298.

Portrait d'un homme avancé en âge, vu de profil et dirigé vers la droite. Il a le menton gras, et sa tête découverte est garnie de cheveux courts. La marque *HG* écrite à rebours se voit au milieu du côté gauche. Cette planche qui est de forme ronde, est gravée à l'eau-forte d'une pointe spirituelle. Elle pourroit bien être l'ouvrage de *H. Goltzius* lui-même; mais on n'en est pas certain.

Diamètre : 5 pouces, 5 lignes.

299.

Portrait d'un homme vu de trois quarts, et dirigé vers la droite. Il porte barbe et moustaches. Sa tête découverte est garnie de cheveux très courts. Il a une fraise autour du cou, et est vêtu d'un pourpoint noir. On ne voit que sa main droite qui

tient un pinceau. Le chiffre *HG* est marqué au dessus de son épaule droite. Si ce
morceau est de *Henri Goltzius*, il est de
ses commencemens. Planche ovale.

Hauteur : 2 pouces, 7 lignes. Largeur : 1 pouce, 11 lignes.
Le bord marginal : 2 lignes environ.

3oo.

Gerard de Jode , marchand d'estampes,
représenté à mi-corps, et ayant entre les
mains un recueil d'estampes. *Gerardus de
Jode. - - HG - - Franciscus van den Wyngaerde excudit.*

Hauteur : 6 pouces, 2 lignes. La marge du bas : 3 lignes.
Largeur : 5 pouces, 6 lignes.

On attribue ordinairement ce portrait
à *Henri Goltzius;* peut-être n'est il que
dessiné par lui.

3o1.

Le convoi funébre de Guillaume Prince
d'Orange, comte de Nassau. Suite de douze
estampes numérotées, et destinées à être
collées en largeur. Elles sont bien dessi-
nées , et gravées à l'eau-forte d'une pointe
ferme. C'est *Henri Goltzius* qui les a mises au jour, et il est vraisemblable qu'il en
est aussi l'auteur. On lit sur la première
de ces pièces: *Haec Pompa funebris specta-*

ta fuit Batauorum Delphis, tertio die Augusti. A? 1584. Ante depictos hos etc. -- Henricus Goltzius excudebat.

La hauteur de ces pièces est de 5 pouces, 10 lignes, sur une largeur de 13 à 14 pouces. Jointes ensemble elles forment une frise de 13 pieds, 8 pouces, 9 lignes.

On a de ces douze pièces des épreuves postérieures qui portent cette adresse : *W. I. exc.* marquée vers le milieu du bas de la première planche.

302 - 323.

Le labyrinthe des esprits errans. Suite de vingt deux estampes, où l'on a représenté d'une manière allégorique les maux où l'hérésie a conduit les hommes. Cette suite est précédée d'un frontispice qui porte ce titre : *Den Doolhof van de dwalende Gheesten* etc. *Tot Amstelredam By Jan Evertss Cloppenburgh* etc.

Largeur : 6 pouces, 10 lignes. Hauteur : 4 pouces. La marge du bas : 9 lignes.

On range ces estampes dans ce catalogue, parceque plusieurs d'entre elles sont marquées du chiffre ordinaire de *H. Goltzius.* Elles sont gravées à l'eau-forte, d'une manière sèche et nette, semblable à celle des pièces de *Leon Davin.* Le dessin a du rapport avec le goût de *H. Goltzius ;* mais il montre encore un certain manque de pratique, de façon qu'on ne peut regarder ces pièces que comme des productions de la jeunesse de *H. Goltzius,* si toute fois elles sont de lui, comme cependant il y a toute apparence. Le frontispice, qui vient d'une autre main, est mieux dessiné, et gravé d'une pointe ferme.

Les pièces dont la gravure est attribuée à Jean Saenredam, *sont décrites dans l'oeuvre de ce maître.*

.IV. PIÈCES GRAVÉES D'APRÈS DES DESSINS DE H. GOLTZIUS PAR DIFFÉRENS GRAVEURS ANONYMES.

A. SUJETS PIEUX.

I.

Les pasteurs arrivant dans l'étable de Bethléem pour y adorer l'enfant Jésus. *Pastores nati visunt* etc. -- *HG Invent.* Gravé par un des disciples de *Henri Goltzius,* et sous sa conduite.

Largeur : 10 pouces. Hauteur : 5 pouces. La marge du bas : 4 lignes.

2.

Repos en Egypte. La Vierge est représentée assise, ayant sur ses genoux l'enfant Jésus qui tient une grappe de raisin.
On voit dans le lointain S. Joseph près
de l'âne qui broute. *Angelus Domini ap-
paruit* etc. - - *HG oltsius inuentor.*

Hauteur. 6 pouces, 3 lignes. La marge du bas : 5 lignes.
Largeur : 4 pouces, 8 lignes.

3.

Jésus Christ en buste. Gravé à l'eau-
forte et terminé au burin. On lit vers le
bas de la droite : *HG in.* Planche ovale.

Diamètre de la hauteur : 4 pouces ; celui de la largeur :
3 pouces.

4.

Le pendant de ce morceau est la Vierge
levant vers le ciel ses yeux remplis de
larmes. On y lit : *I. Str. in.* C'est-à-dire :
Joannes Stradanus invenit. Il est gravé par
le même anonyme.

5.

La Vierge assise près de S. Jean Baptiste qui montre le Messie, lequel quitte
le sein pour recevoir les caresses de S. Joseph. *Ecce Panomphaeum virgo* etc. - -
HG oltzius inuen. et excud. Gravé par quel-

que disciple de *H. Goltzius*, et sous sa conduite.

Hauteur : 10 pouces , 3 lignes. La marge du bas : 7 lignes.
Largeur : 7 pouces , 3 lignes.

6.

S. Jean Baptiste assis dans sa solitude, tenant un livre de la main gauche, et de l'autre une croix. *A puero coetus* etc. -- *Goltzius Inue. et excud.*

Hauteur : 7 pouces , 3 lignes. La marge du bas : 5 lignes.
Largeur : 5 pouces , 3 lignes.

On a de ce morceau une copie faite en sens contraire.

Hauteur : 7 pouces , 1 ligne. La marge du bas : 6 lignes.
Largeur : 5 pouces , 8 lignes.

7.

S. Pierre représenté debout, tenant un livre et les clefs de l'église. *Te velut in petra* etc. - - *Goltzius Inue.* A°. 89. Gravé par un disciple de *H. Goltzius,* et sous sa conduite.

Hauteur : 10 pouces , 8 lignes. La marge du bas : 7 lignes.
Largeur : 7 pouces , 7 lignes.

8.

Le pendant du morceau précédent, gravé par le même. Il représente S. Paul debout, tenant un livre d'une main, et de l'autre s'appuyant sur une grande épée. *Hostis eras, o Paule Deo* etc. -- *HG Inuent.*

9.

S. Madeleine à mi-corps dans sa solitude, tenant de la main gauche un crucifix qu'elle considère, et de l'autre la boëte de beaume. *Magdalis ingemuit vitae* etc. -- *HGoltzius In.* -- *J. Matham excudit.* Pièce de peu de mérite.

Hauteur : 8 pouces, 7 lignes. La marge du bas : 1 pouce. Largeur : 6 pouces, 4 lignes.

10. (n^a)

Un enfant assis près d'une tète de mort sur laquelle il est appuyé, s'occupant à faire des boules à savon pour exprimer la fragilité de la vie humaine. Quelques uns attribuent la gravure de cette pièce à H. Goltzius, mais l'on croit plutòt qu'elle est seulement de son invention, et qu'elle a été gravée sous sa conduite par un de ses disciples. *Quis evadet?* -- *HG* 1594 -- *Flos nouus, et verna* etc.

Hauteur : 7 pouces, 1 ligne. La marge du bas : 9 lignes. Largeur : 5 pouces, 8 lignes.

On a de ce morceau une copie assez bien faite par un autre anonyme. On la distingue de l'original en ce qu'au lieu du

(n^a.) La piece n° 11 & celle n° 11 sont placées faussement ici, ils devroient être sous le S B.

chiffre *IG* il y a un monogramme composé des lettres I G H et T. Deplus, l'année 1594 et le nom de *F. Estius*, à la fin
des quatre vers latins qui remplissent la
marge du bas, ne s'y trouvent point.

Il existe une autre copie de ce morceau
qui est fort trompeuse. Elle porte le monogramme de *IG*, mais l'année 1594, ainsi
que le nom *F. Estius*, à la fin des quatre
vers latins de la marge, ne s'y trouvent pas.

11.

Un autre enfant assis sur une tête de
mort, s'occupant pareillement à faire des
boules de savon. Gravé par un anonyme
sous la conduite de *H. Goltzius*, d'après
une estampe d'*Augustin Carrache*, qui est
de plus petite forme, et très rare. *Quis
evadet. - - Memento breuis haec* etc. - - *IGoltzius excud.*

Hauteur : 7 pouces, 2 lignes. La marge du bas : 9 lignes.
Largeur : 5 pouces, 9 lignes.

B. SUJETS ALLÉGORIQUES.

12 - 15.

La profession du médecin, et la manière
dont il est traité assez ordinairement pendant le cours de la maladie. Suite de quatre

estampes emblématiques, gravées par un des élèves de *Henri Goltzius*, sous sa direction.

Largeur: 8 pouces, 4 lignes. Hauteur: 6 pouces, 6 lignes. La marge du bas: 5 lignes.

1) Dans le commencement, lorsqu'on a recours à lui, on ne l'estime pas moins que Dieu le sauveur. *Dum nigris aegrum* etc. - - *Goltzius excud.* A°. 87.

Les épreuves avec l'adresse de *J. C. Visscher excudit*, marquée sur cette première pièce, sont foibles.

2) Dans la suite de la maladie, on le regarde encore comme un ange descendu du ciel. *Paulum ubi conualuit* etc. - - *Goltz. excud.*

3) Mais si le malade entre en convalescence, ce n'est plus qu'un homme ordinaire. *Jamque Machaonia mgis* etc. - - *G excud.*

4) Et ce même médecin à qui l'on donnoit le nom de Dieu, est regardé comme un démon, lors qu'après avoir guéri son malade, il en demande le salaire. *Ast ego si penitus* etc. - - *G exc.*

16.

La vertu de l'amour du prochain entre

l'impureté et l'envie. *Candidida consistit, vitijs* etc. - - *Goltzius excud.* Gravé par un anonyme de peu de mérite.

Hauteur : 13 pouces , 2 lignes. La marge du bas : 1 pouce.
Largeur : 10 pouces , 3 lignes.

17.

L'art représenté par une femme qui pose l'un de ses pieds sur le globe de la terre, et qui s'élève jusque dans le ciel où sont placés les génies des beaux arts. Gravé suivant toute apparence d'après un dessin de *H. Goltzius,* par quelque élève de ce maître. *Ingenua nihil est* etc.

Hauteur : 7 pouces, 7 lignes. La marge du bas : 4 lignes.
Largeur : 5 pouces, 10 lignes.

18 - 21.

Les quatre élémens représentés d'une manière allégorique. Suite de quatre estampes.

Hauteur : 7 pouces, 7 lignes. La marge du bas : 4 lignes.
Largeur : 5 pouces, 10 lignes.

1) L'air. Un jeune homme debout sur des nuages, entouré de quatre vents et de plusieurs oiseaux. Dans le lointain est représentée la descente du S. Esprit sur les apôtres. *Proximus est aer* etc.

La terre. Une femme tenant une corne

d'abondance. Le lointain représente la création d'Adam. *Densior his tellus* etc.

3) Le feu. Un homme tenant d'une main la foudre de Jupiter, et de l'autre une bombe qui éclate. On voit dans le fond le sacrifice d'Elie. *Ignea conexi vis* etc. -- *Goltzius excudebat* A°. 1586.

4) L'eau. Une femme appuyée sur une urne d'où coule de l'eau. On apperçoit dans le lointain le baptème de Jésus Christ dans le Jourdain. *Vndosus, latique maris* etc.

Ces quatre morceaux ont été gravés par un des disciples de *H. Goltzius,* et sous sa conduite.

22 - 25.

Les quatre élémens représentés sous des figures d'hommes. Suite de quatre planches gravées à l'eau-forte d'une pointe savante et exercée.

Hauteur : 6 pouces, 3 lignes. La marge du bas : 5 lignes. Largeur : 4 pouces, 6 lignes.

1) La terre représentée par un chasseur suivi de deux lévriers. *T'ghevangen wilt, myn* etc. -- *Hen. Gol. jnuen. Jo. Theo. et Jo. Is. de B.* (de Bry) *excudebat.*

2) L'eau représentée par un pêcheur qui porte un panier rempli de poissons.

Op t'water den etc. - - *H. Golz jnuen. debry excudebat.*

3) L'air représenté par un homme qui porte un faucon perché sur sa main droite. *Wat schaedt verzocht* etc. - - *Hen. Gol. inuentor. Jo. Theo. et Jo. Is. de B. excudebat.*

4) Le feu représenté par un cuisinier qui porte un pâté sur un plat. *Visch voghels en dier* etc. - - *Henr. Goltz jnue. de Bry excudebat.*

On a des copies de ces quatre pièces, faites à l'eau-forte assez exactement par un anonyme. Elles sont de la grandeur des pièces originales, mais au lieu des inscriptions hollandoises, elles en portent de latines, dont celle de Nr. 1. commence ainsi : *Hunc leporem ac reliquas* etc.

C. SUJETS FABULEUX.

26.

Vénus assise sur des nues et caressée par l'Amour. Dans une forme ronde, entourée d'une bordure enrichie de plantes et d'oiseaux consacrés à cette déesse. Gravé par un anonyme de peu de mérite. *Quam perfecta Venus* etc. - - *HGoltius Inventor.* - - 1630 - - *J. C. Visscher ex.* Planche ronde.

Diamètre : 7 pouces.

27.

Neptune surprenant Cénis qui obtient ensuite d'être métamorphosée en homme invulnérable - - *Aequorei vim passa Dei* etc. Cette pièce ne porte ni le nom, ni le chiffre de *Goltzius,* quoiqu'elle soit certainement gravée d'après un dessin de cet artiste.

Hauteur : 7 pouces, 7 lignes. La marge du bas : 3 lignes. Largeur : 5 pouces, 9 lignes.

28.

Le dieu de l'Hymenée représenté assis sur des nuages, couronné de fleurs et tenant un flambeau. Dans une forme ovale. Gravé par un anonyme dont le burin approche de celui de *J. Maetham. Hymeneus. - - HG Inuentor. J. C. Visscher Excu.*

Hauteur : 11 pouces, 9 lignes. La marge du bas : 3 lignes. Largeur : 9 pouces, 3 lignes.

29.

La mort de Pyrame et Thisbé. Gravé par un élève de *H. Goltzius,* et sous sa direction. *Quid non suadet Amor?* etc. - - *HGoltzius excud.*

Hauteur : 7 pouces, 7 lignes. La marge du bas : 4 lignes. Largeur : 5 pouces, 8 lignes.

30.

Andromède attachée à un rocher pour

y ètre devorée par un monstre marin.
Gravé par un anonyme qui est peut-ètre
un élève de *H. Goltzius. Clarus Abantia-*
des, Danaes genus etc. - - *Goltzius ex.*

Hauteur : 7 pouces, 7 lignes. La marge du bas : 5 lignes.
Largeur : 5 pouces, 9 lignes.

31 - 82.

Les métamorphoses d'Ovide, en cin-
quante deux estampes inventées par *Hen-*
ri Goltzius en 1589 et 1590, et gravées
sous sa direction par ses élèves.

Largeur : 9 pouces, 3 à 5 lignes. Hauteur : 6 pouces,
2 lignes. La marge du bas : 3 à 4 lignes.

1) Le débrouillement du Chaos, ou la
création des quatre élémens. *E tene-*
bris deforme Chaos etc. - - *Goltzius*
jnuen. 1589.
2) Prométhée formant un homme et l'a-
nimant avec le feu du ciel. *Altitonans*
postquam certos etc. - - *G. excud.*
3) L'àge d'or. *Aurea Saturno rutilabant* etc.
4) L'àge d'argent. *Sub Joue deterior* etc.
5) L'àge d'airain. *Oppida cum castris* etc.
6) L'àge de fer. *Ferreus hinc fremuit* etc.
7) Les géans escaladant le ciel. *Stat Bria-*
reus coelum etc.
8) Jupiter tenant conseil avec les dieux

pour détruire l'univers. *Diuum homi-
numque parens* etc.

9) Lycaon changé en loup. *Igne Lycao-
nias deuastat* etc.

10) Neptune dans le dessin de faire périr
les hommes, ordonne aux fleuves de
se déborder. *Undinomo collecta Noto* etc.

11) Le déluge universel. *Deucalioneae flu-
ctus quis* etc.

12) Déucalion et Pyrrha repeuplant la
terre. *Diluuio cessante et subsidentibus*
etc.

13) Apollon tuant le serpent Python. *Im-
mensum certis strauit* etc.

14) Daphné métamorphosée en laurier.
Ardebat flagrans Titan etc.

15) Le fleuve Penée assis au milieu des
autres fleuves qui sont sujets à sa do-
mination. *Aemonio manans Pindo* etc.

16) Jupiter jouissant, à la faveur des ténèbres, de la nymphe Jo. *Juppiter Ana-
chiden densa* etc.

17) Mercure endormant Argus. *Centum
oculis vigilem* etc.

18) Pan poursuivant Syrinx changée en
roseau. *Pana fugit Syrinx* etc.

19) Argus tué par Mercure. *Eripit e viuis* etc.

20) Climene rassurant Phaeton, et lui con-
seillant d'aller trouver le soleil. *Oppro-
bys Epaphi Phaeton* etc.

---

1) Phaeton demandant au soleil la conduite de son char. *Tecta petit Phaeton*
etc. - - *HG excud.* A.? 1590.

2) Phaeton conduisant le char du soleil.
Audet Phoebacas stulte etc.

3) La chûte de Phaeton. *Exurit pontum
et terras* etc.

4) Les soeurs de Phaeton métamorpho-
sées en peupliers, et Cygne changé en
l'oiseau qui porte son nom. *Excipit
Eridanus Phaetonta* etc.

5) Jupiter et les autres Dieux priant le
soleil de reprendre la conduite de son
char. *Ut Phaetonteos compescuit* etc.

6) Jupiter empruntant la forme de Diane
pour se faire aimer de Calisto. *Nonae-
rina Jouen Calisto* etc.

7) Diane et ses Nymphes s'apperçevant
de la grossesse de Calysto. *Fronde sub
umbrosa* etc.

8) Junon maltraitant Calysto et la mé-
tamorphosant en ourse. *Magne Jouis
coniux* etc.

9) Arcas apprêtant une flèche pour tuer sa mère changée en ourse. *Dictynnae dilecta comes* etc.

10) Junon se plaignant à Thétis et à l'Ocean de la nouvelle métamorphose d'Arcas et de Calysto en constellations céléstes. *Aëra deuexum Juno* etc.

11) Apollon jouissant des embrassemens de la nymphe Coronis. *Aemonium Juuenem furtim* etc.

12) Les filles de Cécrops découvrant la corbeille qui leur avoit été confiée par Minerve, et où étoit enfermé Erichton. *Mandat Erichtonium Tritonia* etc.

13) Neptune poursuivant Coronis changée en Corneille. *Virgo Tridentifero placuit* etc.

14) Coronis tuée par Apollon. *Fama malum pernix* etc.

15) Apollon confiant l'éducation d'Esculape au centaure Chiron. *Insontem sobolem, nec* etc.

16) Battus changé en pierre de touche. *Septenis Phoebo inflatur* etc.

17) Mercure devenant amoureux d'Hersé, fille de Cécrops. *Palladis Actaeae sacrata* etc.

18) Minerve commandant à l'envie d'aller reprendre la jalousie dans le coeur d'Aglaure. *Inuidiae sedes, et luce* etc.

19) Mercure entrant dans la chambre d'Hersé, après avoir metamorphosé Aglaure en pierre. *Tentat adire Hersen* etc.

20. Europe enlevée par Jupiter transformé en taureau. *Europam asportat freta* etc.

———

Cette troisième suite a été gravée d'après des dessins que *H. Goltzius* a faits en 1615, c'est-à-dire, une année avant sa mort. Elle est numérotée en doubles chiffres : les uns qui commencent par Nr. 1 sont marqués vers la gauche de chaque planche, les autres qui continuent les deux suites précédentes, et qui commencent par Nr. 41, sont tracés à droite, dans la marge du bas.

1) Cadmus, frère d'Europe demande à l'oracle de Delphes, en quel lieu est sa soeur qu'il a cherchée inutilement. *Europam toto frustra* etc. Aº 1615. *HG. inventor.*

2) Le dragon dévorant les compagnons de Cadmus, envoyés pour chercher de

l'eau à la fontaine de Mars. *Abstrusum ut Tyry* etc. -- *HG inv.*

3) Cadmus tuant le dragon près de la fontaine de Mars. *Vltor Agenorides soevum* etc. *HG in.*

4) Suivant le conseil de Pallas, Cadmus seme les dents du dragon d'où sortirent des hommes armés. *Victori dea Pallas* etc. - - *HG in.* R. B. (Robert Baudous) *f. ex.*

5) Junon sous la forme de Beroé, nourice de Sémélé, conseille à cette jeune belle d'être sur ses gardes contre Jupiter qui en étoit amoureux. *Fronti nulla fides* etc. - - *HG inv.*

6) Dispute entre Jupiter et Junon, sur la question, lequel des deux sexes trouve le plus de volupté dans la jouissance physique de l'amour. *Liberiore ioco diffusus* etc. - - *HG invent.*

7) Tirésias jadis changé en femme, et redevenu homme, décide la question que les deux divinités l'avoient chargé de résoudre. *Quid faciant? tales* etc. - - *HG inv.*

8) Tirésias changé en femme, après avoir frappé de son bâton deux serpens qui

s'accouploient. *Hic duo serpentum* etc.
-- *IG inv.*

9) Thisbé effrayée par une lionne, s'en-
fuit dans un antre, après avoir laissé
tomber son voile au lieu du rendez-
vous qu'elle avoit donné à Pyrame.
Thisbe, redi, bona Thisbe etc. - -
IG inv.

10) Phoebus exposant aux ris de tout l'O-
lympe Mars surpris avec Vénus. *Cum
Venere in medijs* etc.- - *IG inv.*

11) Apollon abusant de Leucothoé sous
la forme d'Eurynome sa mère. *Secre-
tum Veneris, qui* etc. - - *IG inv.*

12) La nymphe Salmacis et Hermaphro-
dite metamorphosés en une seule personne. *Invitum medio compleciens* etc. - -
IG inv.

D. PORTRAITS.
83.

Portrait en buste d'un homme assez
âgé, vu de trois quarts et dirigé vers la
gauche. Il a la tête couverte d'un chapeau
rond, de la forme de ceux que l'on por-
toit aux Pays-bas du tems de Lucas de
Leyde. Planche ovale. Ce morceau des-

siné et gravé dans la manière de Lucas de Leyde, ne porte ni nom ni chiffre.

Diamètre de la hauteur : 2 pouces; celui de la largeur : 1 pouce, 7 lignes.

84.

Le même portrait de plus grande proportion et tourné de l'autre côté - - *HG* A.° 97.

Hauteur : 7 pouces, 2 lignes. La marge du bas : 6 lignes. Largeur : 6 pouces.

85.

Autre portrait de ce même homme, vu de profil et tourné vers la droite. *HG*.

Même dimension que la pièce précédente.

On a des copies de ces deux planches qui sont très bien gravées par un anonyme. Les têtes y sont tournées vers la gauche. La marque *HG* se trouve vers le milieu du bas. Les planches sont plus petites.

Hauteur : 6 pouces, 2 lign. Largeur : 4 pouces, 5 lign.

86.

Une femme vue de profil et coëffée avec un linge qui lui descend sur le cou; à mi-corps. *HG*. 1606.

Hauteur : 8 pouces, 2 lignes. Largeur : 5 pouces, 9 lignes.

87.

Theodore van Coornhert. *HG*. - - D. V. COORNHERT.

Hauteur : 4 pouces , 1 ligne. La marge du bas : 3 lignes. Largeur : 3 pouces , 1 ligne.

88.

Étude de jeune homme d'un air riant; à mi-corps. Il a la tête couverte d'un grand chapeau rond , et s'appuye sur son bras gauche. Gravé d'une manière croquée qui imite le trait de la plume. *HG*.

Hauteur : 3 pouces , 9 lign. Largeur : 2 pouces , 10 lign.

89.

Étude d'une jeune femme en buste , et celle d'un jeune homme vu de profil, qui étend la main droite , ayant l'autre posée sur son sein. *HG*. 1616.

Hauteur : 4 pouces. Largeur : 3 pouces.

90.

Buste d'homme vu de profil et dirigé vers la droite. Il a la tête couverte d'un bonnet dont la pointe est ornée d'une houppe.

Hauteur : 7 pouces , 10 lign. Largeur : 6 pouces , 8 lign.

On a de ce morceau une copie gravée en contre-partie et d'une manière froide. *HG* - - *Hippocrates*.

E. DIFFÉRENS AUTRES SUJETS.

91.

Corydon et Silvie assis sur une butte, au pied d'un arbre. *Goltzius Inue - - Jod. Hondius excud.*

Hauteur : 17 pouces, 5 lign. Largeur : 12 pouces , 7 lign.

92.

Un vieillard exprimant sa passion à une fille qui est près de lui, et qui pose la main sur un vase; à mi-corps. Gravé suivant toutes les apparences par *Jean van Velde* d'après un dessin de *Goltzius*, dans lequel il a cherché à imiter la manière de Lucas de Leyde. 1622. *HG. - - Decrepitus juvenem lepidamque* etc.

Hauteur : 6 pouces, 1 ligne. La marge du bas : 1 pouce, 5 lignes. Largeur: 4 pouces , 5 lignes.

93.

Un bouffon se moquant d'une vieille qui est occupée à faire des boudins, ayant un cornet suspendu au dessous son nez. *Heintzman spricht* etc. - - *HGoltzius jnuent. - - Crispian de pas exc.*

Largeur : 9 pouces. Hauteur : 6 pouces, 4 lignes. La marge du bas: 1 pouce, 4 lignes.

94.

Deux hommes mesurant avec le cor-

deau la longueur d'une baleine échouée
sur les côtes de la Hollande. Gravé en
partie à l'eau-forte, et en partie au burin par un des élèves de *Goltzius.* Il y a
apparence que c'est par *J. Saenredam.*
Caerulaeus profert immania etc. -- *Golt-*
zius exc.

Largeur : 9 pouces , 5 lignes. Hauteur : 6 pouces, 4 lignes.
La marge du bas : 4 lignes.

95-97.

Trois militaires hollandois. Suite de trois
estampes gravées sous la direction de *H.*
Goltzius par un de ses disciples, dans la
manière de *Jaques de Gheyn*, quoiqu'elles
ne paroissent pas être de cet artiste.

Hauteur : 7 pouces, 6 lignes. La marge du bas : 5 lignes.
Largeur : 5 pouces , 8 lignes.

1) Un écrivain d'armée hollandois, tenant
de la main droite un papier roulé. *Mi-*
litiae neruum bellantis, Scriba etc. --
Goltzius excu.

2) Un officier de guerre, s'appuyant de
la main gauche sur son espadon, et
mettant l'autre sur son dos. *Laudata*
ducibus praestat etc. -- *Goltzius excud.*

3) Un arquebusier portant son fusil sur
l'épaule gauche, et tenant de cette

main la mèche allumée. *Pro patria pu-
gnans* etc. - - *HG excud.*

V. PIÉCES GRAVÉES D'APRÈS DES DESSINS

DE HENRI GOLTZIUS, PAR DIFFÉRENS GRAVEURS CON-

NUS, ET CONTEMPORAINS DE CE MAITRE.

Par Claes ou Nicolas de Bracu.

1 - 4.

Les quatre plus célébres héros et hé-
roines de l'ancien testament. Suite de quatre estampes. Planches ovales.

Diamètre de la hauteur : 14 pouces, 10 lignes ; Largeur :
11 pouces, 4 lignes. La bordure marginale : 4 lignes.

1) Jahel. *Sisera falcatos agitans* etc. - -
HG Inuen. Nicolaus. bracu. schulp.

2) Samson. *Vincla indignatus tardamque*
etc. - - *HG. Inue. C. Braeu schup.*

3) Judith. *Clauserat Assyrius montana* etc.
- - *C. Braeu schulp.*

4) David. *Indutus thorca Gygas* etc. - - *Nicolaus. braeu. schulp.*

5.

La recherche des vérités, représentée
par une femme qui semble refléchir. Elle
est assise dans un paysage, tenant un livre

de la main droite, et de l'autre un écriteau. *Exercet cupidas pulchra indagatio
mentes.* 1594. - - *Henricus Goltzius jnuen-
tor- - Nicolaus Brawius fecit. - - Conradus
Goltzius excudit.*

Hauteur : 7 pouces, 9 lignes. La marge du bas : 2 lignes.
Largeur : 6 pouces :

Par Nicolas Clock.
1 - 5.

Les cinq sens de nature. Suite de cinq
estampes dont quatre ont été gravées par
N. Clock, la cinquième par *Corn. Drebbel.*

Hauteur : 8 pouces, 10 lignes. La marge du bas : 6 lignes.
Largeur : 6 pouces, 4 lignes.

1) La vue. *Viderat Actaeon non* etc. - -
   Goltzius Inuent. Anno 1596. *Nicolaus
   Clock fecit. -- Petrus Ouerait excudit.*

2) L'ouie. *Auditus iusti bonus* etc. - - *Ni-
   claus Clock f. -- Petrus Ouerait exc.*

3) L'odorat. *Olfactus florum, gratique* etc.
   -- Clas Clock fecit. Petr. Ouer. excudit.

4) Le goût. *Plurima gustus habet* etc. -- *Cl.
   Clock fe. - - Petrus Ouerait imprimebat.*

5) Le toucher. *Illicito Cypriae sensu* etc.
   *-- Henr. Gol. jnuen. -- Cornelis Drebbel
   fecit -- Conradt Goltz excud.*

Par Adrian et Jean Collaert.

1 - 5.

Les annonciations de la bible. Suite de six estampes gravées par *Adrien Collaert*, à l'exception de la seconde qui a été faite par *Goltzius* même.

Hauteur : 7 pouces , 7 lignes. La marge du bas : 7 lignes. Largeur : 5 pouces , 9 lignes.

1) Les trois anges annonçant à Abraham que Sara sa femme deviendra mère. *Nuncius extremis Abrahamo* etc. - - *Goltzius inuent. et excud. A. Colaert sculp.* A⁰. 1586.

2) Voyez les estampes gravées par *Henri Goltzius* même , Nr. 3.

3) L'ange instruisant Zacharie sur la naissance future de S. Jean Baptiste. *Filius ecce tibi* etc. - - *Goltzius inuent. et excude. A. Collaert sculp.*

4) L'ange annonçant à la Vierge le mistère de l'incarnation. *Alloquitur Mariam Gabriel* etc. - - *Goltzius inue. et excud. Colaert sculp.*

5) L'ange ordonnant à S. Joseph de ne point se séparer de la sainte Vierge. *Dum grauidam Joseph* etc. - - *G inuent. et excude. Colart sculp.*

6) L'ange annonçant aux pasteurs la naissance de Jésus Christ. *Angelici coetus coelo* etc. -- *IG excud.*

6.

S. Joseph cueillant des dattes que la sainte Vierge présente à l'enfant Jésus qui est couché sur ses genoux. *Dum puerum Herodes* etc. -- *IG oltzius inuent. et excud. -- A. Colaert sculp.* A°. 1585.

Hauteur : 7 pouces, 6 lignes. La marge du bas : 3 lignes
Largeur : 5 pouces, 9 lignes.

7.

St. Jean baptisant Jésus Christ dans le Jourdain. *Abluitur nullo foedatus* etc. -- *IGoltzius Inuen. et excu.* A°. 85. *Johan Colart sculp.*

Hauteur : 7 pouces, 5 lignes. La marge du bas : 6 lignes.
Largeur : 5 pouces, 9 lignes.

8.

S. Jean Baptiste dans le désert. *Ignotum primus nobis* etc. -- *IGoltzius inuent. et excude. -- A. Colaert sculp.*

Hauteur : 7 pouces, 6 lignes. La marge du bas : 4 lignes.
Largeur : 5 pouces, 9 lignes.

Par Zacharie Dolendo.

1.

Une femme tenant des serpens et des colombes qui sont les simboles de la prudence et de la simplicité. *Astu serpentes et simplicitate* etc. Planche ronde.

Diamètre : 2 pouces , 4 lignes. Bordure marginale : 3 lign.

2.

Un aveugle se laissant conduire par un autre aveugle qui l'entraine dans le précipice. *Deuia dum caecus* etc. -- *Anno* 1586. Planche ronde.

Diamètre : 2 pouces , 9 lignes. Bordure marginale : 3 lign.

Par Corneille Drebbel.

1 - 7.

Les sept arts libéraux , représentés par des femmes à mi-corps. Suite de sept estampes.

Hauteur : 6 pouces. La marge du bas : 7 lignes. Largeur : 4 pouces , 9 lignes.

1) La grammaire. *A me principia* etc. -- *Goltzius Inuent. Cornelius Drebbel sculp. et excud.*

2) L'arithmétique. *Praecipuas partes tribuit* etc.

3) La dialectique. *Discerno a falso* etc.

4) La poësie. *Per me formatur* etc.

5) La musique. *Jucundo tristes oblecto* etc.

6) La géométrie. *Terrarum tractus et la-
tas* etc.

7) L'astronomie. *Arduo stelliferi perlustro*
etc.

Par Simon Frisius.

1.

Paysage montueux d'une vaste étendue.
Le côté droit offre une rivière qui serpente dans le lointain. Sur le devant à
gauche, un gueux debout parle à une
femme qui se repose sur le bord d'un chemin. *HG. in.* 1608. *Symon Frizius fecit--
Robertus de Baudous Excudebat.*

Largeur : 7 pouces, 9 lignes. Hauteur : 4 pouces, 6 lign.

2.

Paysage représentant une chaîne de
montagnes baignées par la mer, sur laquelle on voit deux vaisseaux. Le milieu
du devant est orné de deux petites mai-
sons. *HG. in* A°. 1608.

Largeur : 7 pouces, 5 lignes. Hauteur : 4 pouces, 9 lign.

Par Jacques de Gheyn.

1 - 12.

Les habillemens des officiers et soldats

d'un régiment d'infanterie des Pays-bas.
Suite de douze estampes.

Hauteur : 7 pouces , 6 à 7 lignes. La marge du bas : 4 à 5
lignes. Largeur : 5 pouces , 9 lignes.

1) Le colonel. *Militiae caput , et magnum*
   etc. - - *Goltzius Inuent. et excud.* A°
   1587 - - *Jacques de Gheyn sculp.*

2) Le lieutenant-colonel. *Munus ego ab-*
   sentis etc. - - *excud. J. de Gheyn sculp.*

3) Le tambour. *Suta boum pulsa* etc. - -
   inue. J. de Gheyn sculp.

4) L'enseigne. *Acer in aduersos tendo* etc.
   - - *. excud. Jacques de gheyn sculp.*

5) Un soldat armé d'un espadon et d'une
   rondache. *Dupla ego pro meritis* etc. - -
   fe. - - J. de gheyn. sculp.

6) Un mousquetaire servant de sentinelle.
   Auertunt frandem mea etc. - - *excud.*
   I. D. Geyn sculp.

7) Un arquebusier. *Et genus, et mea* etc. - -
   excut. I. de gheyn sculp.

8) Un sergent. *Ante ferox signanus* etc. - -
   . excu.

9) Un piquier. *Conferto turbare acies* etc. - -
   excud. I. D. Geyn sculp.

10) Le trésorier du régiment. *Tempore si*
    numerem etc. - - *excud. I. D. Geyn sculp.*

11) Un mousquetaire, avec le morion en tête. *Jussus in hostiles* etc. -- *HG excu. I. de gheyn sculp.*

12) Le prevot. *Effrenes belli prauosque* etc. *HG. excu. - - I. de gheyn sculp.*

On a des copies de ces douze estampes, mises au jour par *Assuerus à Londerseel*, qui a marqué les unes: *Ahas. v. Londerseel excudit*, les autres de son monogramme composé des lettres AV L. Ces copies sont dans le sens des estampes originales, et ont la même dimension.

Par Jacques Goltzius.

1.

Pallas assise sous un pavillon au milieu de plusieurs guerriers. *Incerta atque anceps* etc. - - *H. goltzius Inu.* 1597. *Jacqu. goltz fe. et excu.*

Hauteur: 8 pouces, 9 lignes. La marge du bas: 6 lignes.
Largeur: 5 pouces, 5 lignes.

2.

Un jeune homme refusant l'argent qu'une vieille lui offre pour l'engager à l'aimer. *Frigida cedat anus* etc. - - *HG oltzius Inuent. Jaques Goltzius sculp. et excu.*

Hauteur: 6 pouces, 5 lignes. La marge du bas: 4 lignes.
Largeur: 5 pouces, 1 ligne.

3.

Une jeune femme occupée à coudre, se defendant contre les caresses d'un vieux importun qui lui offre de l'argent. *Desine stulte senex* etc. - - *KG oltzius Inue. - - J. Goltzius sculp. et excud.*

Ce morceau fait le pendant du précédent, et en a la même dimension.

Il y a de ces deux pièces des premières épreuves où le nom de *Jacques Goltzius* ne se trouve pas.

Par Jules Goltzius.

I.

Jésus Christ s'entretenant auprès d'un puits avec la Samaritaine. *Femina, dum Christus* etc. - - *Hendericus Goltz Inuentor. Julius Goltz scultor, anno* 1586. *Jowannes Batista Vrindts Excudebat.*

Hauteur : 9 pouces, 6 lignes. La marge du bas : 11 lignes. Largeur : 7 pouces, 5 lignes.

Par G. Gouw.

I.

Paysage dont le site est un pays de montagnes. Sur le devant on voit un homme assis au bord du chemin. Gravé à l'eau-

forte. *Goltzius Inuen. G. Gouw incidit. J.
Matham excud. Cum priuil.* etc.

Largeur : 10 pouces , 9 lignes. Hauteur : 7 pouces , 9 lign.

Ce morceau se trouve ordinairement à
la tète d'une suite de quatre paysages pu-
bliés par *J. Matham.* Voyez le catologue
de l'oeuvre de ce maître.

Par Adrien Matham.

1.

L'àge d'or. Composition riche en figures.
Felix illæ aetas etc. -- *Goltzius Inuentor.* --
Adrianus Matham sculptor -- 1620. -- *Jac.
Matham excud. Cum privil. Sa. Cae. M.tis.*

Largeur : 15 pouces , 8 lignes. Hauteur : 10 pouces , 9 lignes. La marge du bas : 6 lignes.

2.

Un jeune homme embrassant une fille
qui est assise sur ses genoux. *Des weymans
lust* etc. -- *Goltzius Inue. Adri. Matham
sculp. Jac. Matham excud.* Estampe de peu
de mérite.

Hauteur : 11 pouces , 3 lignes. La marge du bas : 1 pouce,
3 lignes. Largeur : 8 pouces , 8 lignes.

3.

Un homme avancé en âge , donnant un
baiser à une jeune femme . à qui il présente

en même tems une bourse d'argent. *Rusti-ca simplicitas decepta* etc. - - *Dees slechte Sleur* etc. - - *Goltzius Pinxit. Adrianus Matham sculp. Jac. Matham excud.* Ce morceau est gravé d'un burin sec et maigre.

Hauteur : 13 pouces , 6 lignes. La marge du bas : 2 pouces, 5 lignes. Largeur : 10 pouces, 10 lignes.

Par Jacques Matham.

Voyez le catalogue de ce maître , où les pièces qu'il a gravées d'après *H. Goltzius*, sont detaillées.

Par Jean Muller.

Voyez le catalogue de ce maître , où les pièces qu'il a gravées d'après *H. Goltzius* , sont détaillées.

Par Raphael Sadeler.

1.

La Vierge ayant sur ses genoux l'enfant Jésus qui épouse S. Cathérine , en lui mettant un anneau au doigt, en présence de S. Sebastien et de S. Joseph. *Aspice quos castum* etc. - - *Henr. Goltzius Inuentor - - Raphael Sadler fecit et excud.*

Largeur : 8 pouces, 11 lignes. Hauteur : 6 pouces , 2 lignes. La marge du bas : 6 lignes.

Par Jean Saenredam.

Voyez le catalogue de ce maître, où l'on a détaillé les pièces qu'il a gravées d'après *H. Goltzius.*

Par Christophe van Sichem.

Pièces gravées en bois.

1.

Judith donnant à sa suivante la tête d'Holoferne. *IG -- C. van Sichem scul.*

Hauteur : 5 pouces. Largeur : 3 pouces, 10 lignes.

On a de ce morceau une jolie copie, gravée à l'eau-forte dans le goût d'une gravure en bois. Cette copie ne porte pas le chiffre de Goltzius, et elle est en contre-partie de l'original, de façon que Judith tient le sabre de la main gauche. La dimension est la même.

2.

Le Roi David représenté en buste, dans une forme ovale. *Rex David -- IGoltzius inuentor -- C. v. Sichem scalpsit et excud.*

Hauteur : 5 pouces, 7 lignes. Largeur : 4 pouces, 10 lign.

3.

Portrait d'un homme, vu de trois quarts et dirigé vers la droite. Sa tête est couverte d'un chapeau orné de plumes, et il tient un gand de sa main gauche; à mi-corps. Ce morceau est dessiné dans le goût de Lucas de Leyde *HG*. A°. 1607. - - *C. V. Sichem scalp.*

Hauteur : 11 pouces, 6 lign. Largeur : 7 pouces, 9 lign.

4.

Un jeune homme à mi-corps, accompagnant du timpanon le chant de quatre personnes. *HG. C. V. Sichem scalp. et excud.*

Hauteur : 11 pouces, 5 lignes. Largeur : 8 pouces.

JACQUES MATHAM.

Jacques Matham naquit en 1571. Il avoit environ neuf à dix ans, lorsque sa mère devenue veuve se maria avec *Henri Goltzius* qui en fit un très habile graveur. Cet artiste entreprit le voyage de l'Italie, comme nous l'apprenons par les inscriptions de plusieurs de ses estampes, et notamment par celles décrites sous les numéros 82, 85, 87-90 et 199, qu'il a toutes gravées à Rome. On fixe l'année de sa mort à 1631.

En comparant les estampes de *Jacques Matham* avec celles de *Jean Saenredam*, ces dernières l'emportent à tous égards. Cependant *Matham* nous a laissé nombre de pièces qui feroient honneur à *Goltzius* lui même, et dont la taille ressemble, à s'y méprendre, à celle de son beau-père.

Nous ne savons pas exactement le nombre des estampes que *J. Matham* a gravées; celles dont nous donnons ici la description, se monte à trois cent quinze pièces dont il n'y en a cependant que deux cent

trente neuf qui ont été effectivement exé-
cutées par ce maître, les autres soixante
seize lui étant seulement attribuées pour
le plus ou moins de part qu'il semble y
avoir eue.

OEUVRE

DE JACQUES MATHAM.

I. PIÈCES GRAVÉES D'APRÈS SES PROPRES
DESSINS.

A. SUJETS PIEUX.

1.

La Vierge assise près de S. Joseph et de
deux anges, dont l'un cueille des fruits
pour les donner à l'enfant Jésus qui est sur
les genoux de sa mère. *Math. n fecit et excudit - - Quam dulces semper etc.*

Hauteur : 8 pouces, 4 lignes. La marge du bas : 10 lignes
Largeur : 6 pouces, 7 lignes.

2.

La Vierge considérant l'enfant Jésus
émailloté et couché dans la crêche devant
elle. On voit S. Joseph à gauche, et un
ange à droite vers le fond. *Matham sc.*
1608. Ce nom et cette date sont écrits à

rebours en très petits caractères. Planche ovale.

Diamètre de la hauteur : 3 pouces, 1 ligne. Celui de la largeur : 2 pouces, 4 lignes.

3.

La Vierge et S. Joseph considérant l'enfant Jésus endormi ; à mi-corps. Dans une bordure ornée d'un chapelet de perles qui part de la tête d'un Chérubin placé au haut. *Maetham fecit et excud.* Planche ronde.

Diamètre : 5 pouces.

4.

La Vierge mettant l'enfant Jésus dans son berceau ; à mi-corps. *Ecce tori impatiens* etc. Quoique l'on ne voye point à cette pièce le nom de *J. Matham*, elle est cependant gravée par lui, et vraisemblablement de son invention ; mais elle est de ses commencemens.

Hauteur : 5 pouces 8 lignes. La marge du bas : 11 lignes. Largeur : 4 pouces, 5 lignes.

Ce même sujet gravé une seconde fois avec quelques petits changemens dans le voile de la Vierge. Ce voile descend des deux côtés sur la poitrine de la Vierge, tandisqu'il ne lui descend dans la première planche que sur le côté droit de la poitrine, l'autre moitié tombant derrière l'épaule gauche. Cette planche porte dans la marge la même inscription que la précédente, mais elle est marquée de ces mots : *J. Maetham Inuentor.* L'une et l'autre est mal gravée, de façon qu'il seroit difficile de déterminer, la quelle est la copie. Mais il est possible que *Matham* les ait gravées l'une et l'autre.

5.

Un crucifix représenté dans un cartouche ovale, autour duquel sont disposés des anges qui tiennent les instrumens de la passion, et quatre autres cartouches plus petits, dans lesquels sont renfermés des sujets de l'histoire sainte, tels que la naissance de Jésus Christ, sa résurrection, la descente du S. Esprit sur les apôtres et le couronnement de la Vierge dans le ciel. *Reverendo in Christo Patri. D. Timanno* etc. 1609. - - *J. Maetham Inuentor sculptor et excud.*

Hauteur : 16 pouces. Largeur : 10 pouces, 11 lignes.

6.

La Madeleine pleurant sur le corps mort de Jésus Christ, étendu sur les genoux de la Vierge. *Ecce, avtor vitae* etc. -- *J. Matham Inuen. sculp. et excud.* 1607. *Cum priuil. Sa. Cae. M.*

Largeur : 7 pouces, 11 lignes. Hauteur : 6 pouces. La marge du bas : 3 lignes.

7.

Le petit Sauveur assis sur un coussin, et ayant l'agneau auprès de lui. *Hic est filius* etc. -- *J. Matham S. fecit.*

Hauteur : 9 pouces, 10 lignes. Largeur : 6 pouces, 8 lign.

8.

La Madeleine en extase dans le désert : à mi-corps. *Magdalis ingemuit, vitae* etc. -- *J. Mathamius fecit et excud.*

Hauteur : 8 pouces, 5 lignes. La marge du bas : 11 lignes. Largeur : 6 pouces, 4 lignes.

9.

S. Sebastien attaché à un arbre et percé de flèches ; à mi-corps. *S. Sebastianus Martyr. - - Martyr hic ingenti* etc. - - *Jac. Matham sculp.*

Hauteur : 15 pouces, 3 lignes. La marge du bas : 1 pouce, 5 lignes. Largeur : 11 pouces, 6 lignes.

10.

S. Boniface, premier archévêque de Mayence et apôtre de Frise, représenté avec les habits episcopaux, dans une bordure composée de seize sujets qui représentent sa vie. *S. Bonifacius quj et Winfridus* etc. -- *cI)I),c, XII.* -- *Jacobus Matham fecit. -- Cum privilegio Sa. Cae. M.tis.*

Hauteur : 16 pouces, 10 lignes. Largeur : 12 pouces.

11.

S. Willibrorde, premier archévêque d'Utrecht, et sa vie représentée de la même manière que dans la pièce précédente. *S. Willibrordus, seu Clemens, Anglo Saxo* etc. -- *Jacobus Maetham fecit -- Anno* 1608.

Même dimension que la pièce précédente.

12.

S. Bavon, comte d'Hasbaye, représenté avec ses habits de guerre, et portant sur le poing un oiseau de proie. *S. Alloynus, cognomento Bavo* etc. *J. Matham fecit et excud. -- Cum privil. Sa. Cae. M.*

Hauteur : 13 pouces, 8 lignes. La marge du bas : 1 pouce. 6 lignes. Largeur : 10 pouces, 9 lignes.

13.

S. Engelmond, abbé de l'ordre de S. Benoît, représenté debout. *Quantos intrinsecus vulneratos* etc. -- *J. Matham fecit.*

Hauteur : 4 pouces, 3 lignes. La marge du bas : 11 lignes. Largeur : 3 pouces.

14.

S. Jéron, écossais, tenant d'une main un sabre, et ayant un faucon perché sur l'autre. *Aquae multae non potuerunt* etc. -- *J. Matham fecit.*

Meme dimension que le morceau précédent.

B. SUJETS FABULEUX.

15.

Le coucher de Vénus. Elle est entourée de Nymphes qui la déshabillent, tandisque Mars, aidé par des Amours, se demet de ses armes et de ses vètemens. *Mars positis armis* etc. -- *J. Maetham Harlemaeus Inuenit, sculpsit et excudit.*

Hauteur : 15 pouces, 10 lignes. La marge du bas : 16 lignes. Largeur : 12 pouces, 5 lignes.

16.

Adonis assis sous une tente, embrassant Vénus qui est étendue sur ses genoux. *J. Maetham fecit et excud. Harlemens.* Planche ovale.

Diamètre de la largeur : 8 pouces, 1 ligne ; celui de la hauteur : 6 pouces, 2 lignes.

17.

Vénus au sortir du bain, se regardant dans un miroir tenu par un Amour, tan-

disqu'elle est épiée par un Satyre. *Venus.*
- - J. Matham fecit et excud.

Hauteur : 6 pouces , 6 lignes. La marge du bas : 10 lignes.
Largeur : 5 pouces , 3 lignes.

18 - 20.

Vénus, Bacchus et Cérès ; à mi-corps.
Suite de trois estampes. Planches rondes.

Diamètre : 7 pouces , 5 lignes.

1) Vénus. *Cum Cerere et Baccho* etc. - -
   Maetham fecit et excud.

2) Bacchus. *Oblecto dulci moerentia* etc. - -
   Maetham fecit et excud.

3) Cérès. *Jam fastidita quercu* etc. - - *Mae-*
   tham fecit.

21.

Vénus assise au pied d'un arbre, recevant les caresses d'un dieu qui l'embrasse.
On voit dans le fond à droite Jupiter et
Junon assis à table avec les autres dieux
de l'Olympe. Ce sujet est renfermé dans un
ovale. *J. Maetham fecit et excud.*

Hauteur du diamètre de l'ovale : 8 pouces , 6 lignes. Largeur : 6 pouces , 5 lignes.

C. PORTRAITS.

22.

Le portrait de Henri Goltzius, dans un

ovale placé sur un fond décoré d'architecture et de figures qui représentent d'une
manière simbolique les graces, l'esprit, la
précision du dessin, toutes parties de la
peinture dans lesquelles ce maître s'est
distingué. *Goltzius sculptor et pictor* etc. - - -
Idea magni spiritus etc. - - *Anno* 1617. - - *Jacobus Matham Goltzij priuignus sculp. et
excud. Cum privil. Sa. Cae. M.*tis.

Hauteur: 16 pouces. Largeur: 10 pouces, 7 lignes.

23.

Autre portrait du même, en buste, dans
un ovale. *Goltzius sculptor et pictor. Aet.
LIX.* - - *Obijt anno* CIƆIƆCXVII. *I. Janu.* - -
Excelsa virtus Goltzij etc. - - *Jac. Matham
Goltzij privignus sculp. et excud.* - - *Cum pri-
vil. Sa. Cae. M.*tis. 1630.

Hauteur: 7 pouces, 9 lignes. Largeur: 4 pouces, 8 lign.

On a de ce morceau des premières épreuves dont les différences consistent. 1mo. En
ce que l'habit et la calotte de Goltzius,
ainsi que le fond à droite, sont moins cou-
verts de hachures. 2do. L'inscription de la
marge du bas ne s'y trouve point. 3tio. Au
lieu de l'année 1630 marquée au haut de
la gauche, on lit dans les premières épreuves *Anno* 1618, ce qui est écrit vers le

bas de la planche. 4^(to.) Au lieu de la date *CIƆ.IƆCXVII. I. Janu.* on lit *CIƆICIXVII. I. Janne.* 5^(to.) Enfin les mots *et excud.* ne s'y trouvent point.

24.

Le portrait du pape Leon XI., à mi-corps. *Leo XI. Pont. max. - - Creatus* A^(o.) 1605 etc. - - *Cum privil. Sa. Cae. M. J. Matham sculp.* Ce morceau est très médiocre.

Hauteur : 5 pouces, 1 ligne Largeur : 3 pouces, 7 lignes.

25.

Le portrait du duc de Sully, en buste, vu de face et dirigé un peu vers la droite. *Toy qui dans ce tableau* etc. - - *Cum privil. Sa. Cae. M. Jac. Matham sculp. - - Paul.^(es) de la Houue excudebat.* 1612.

Hauteur : 11 pouces, 10 lignes. La marge du bas : 1 pouce, 3 lignes. Largeur : 10 pouces.

26.

Anonyme en buste, vu presque de face, et tourné un peu vers la droite. Il a une fraise autour du cou, et son épaule gauche est couverte d'un manteau. *Aetatis XXIX. Anno CIƆIƆI.II. Maetham fe.* Planche ovale.

Diamètre de la hauteur : 5 pouces, 10 lignes. Largeur : 4 pouces, 8 lignes.

27.

François Calceolarius Seplasiarius, en buste, dans un ovale. *Franciscus Calceolarius Seplesiarius annos natus LXXIII. -- Matham scalp.*

Hauteur : 6 pouces. Largeur : 4 pouces, 8 lignes.

28.

Michel-Ange Buonaruoti, en buste, vu presque de face, et tourné un peu vers la droite. *Michael Angelus Bvonarvotus Florentinus Pictor* etc. *Cum privil. Sa. Cae. M. Matham sculp. et excud.* 1630. -- *Obiit Aetat. suae An.* 90.

Hauteur : 9 pouces. La marge du bas : 4 lignes. Largeur : 7 pouces, 2 lignes.

29.

François Junius, docteur et professeur de théologie à Leyde ; à mi-corps ; dans un ovale. *D. Franciscus Jvnivs S.S. Theol. Doct.* etc. -- *Natus An. cIɔ.Iɔ.XL. kalendis Maij* etc. -- *Regia maiestas quam* etc. -- *Matham sculp.*

Hauteur : 6 pouces, 6 lignes. La marge du bas : 15 lignes. Largeur : 5 pouces, 2 lignes.

30.

Guaspre de Souter, baillif de Dunkerque, à mi-corps, dans un ovale. *Jaspar de Sou-*

ter, Burchgraeue etc. *J. Matham sculpsit.*
Anno 1623.--*Hoe hooch waerdt ghij* etc.

Hauteur : 10 pouces. Largeur : 7 pouces , 2 lignes.

31 - 50.

Les religieux martyrisés pour la foi en 1615, par les hérétiques , à Gorcum dans la province de Hollande , représentés en buste. Suite de vingt estampes.

Largeur : 3 pouces. La marge du bas : 6 lignes. Hauteur : 2 pouces, 2 lignes.

1) Leonard Vechel. *Cum privil. Sa. cae. M. Matham sculp. ad vivum.* Cette même inscription se trouve sur toutes les pièces suivantes.

2) Nicolas Poppel.

3) Jean Osterwic.

4) Godefroi Dunée.

5) Arnoud.

6) Nicolas Picus.

7) Jerôme Werdan.

8) Theodore Emden.

9) Nicolas Hezius.

10) Willehade de Dannemark.

11) Godefroi Mervellan.

12) Antoine Werdan.

13) Antoine Hernariensis.

14) François Rodius.

15) Pierre Ascanus.

16) Corneille Wican.

17) Jean Dominiquain.

18) Pierre Becan.

19) Jaques Lacopius.

20) Représentation de la tige qui produisit d'elle même, quoiqu'enfermée dans une boëte, autant de fleurs qu'il y avoit eu de martyrs.

Ces vingt estampes sont très médiocres.

D. *DIFFÉRENS AUTRES SUJETS.*

51 - 54.

Les quatre saisons représentées par des figures d'hommes dans des cartouches de forme ovale.

Hauteur: 5 pouces, 5 lignes. La marge du bas: 7 lignes. Largeur: 3 pouces, 10 lignes.

1) Le printems. *Ver. - - J. Maetham fe. et excu.*

2) L'été. *Aestas.*

3) L'automne. *Autumnus.*

4) L'hiver. *Hyems.*

55 - 58.

Les suites de l'ivresse, représentées en quatre estampes.

Largeur: 7 pouces, 2 lignes. Hauteur: 5 pouces, 10 lignes. La marge du bas: 9 lignes.

(1) Un homme buvant à l'excès, encouragé par une fille qui est assise vis-à-vis de lui, tandisque l'appareilleuse fait le compte. *Terrarum nusquam magis* etc. -- *Maetham fecit et excud.*

(2) Une courtisanne embrassant un homme enflammé par le vin, sur les genoux duquel elle est assise. *Crebrior inprimis potandi* etc. - - *M.* (Matham) *fe.*

(3) Un homme ivre jouant au tric-trac avec une courtisanne qui le trompe. *Nec satis insano* etc. - - *J. Maetham fe. et excud.*

(4) Un ivrogne assassiné par un fripon à la suite d'une querelle de jeu. *Tunc locus est pugnae* etc. *M.* (Matham) *fe.*

59.

Chimon devenant sage à la vue de la belle Ephigénie qu'il rencontra endormie dans un boccage. Ce fait est raconté par *Boccace* dans sa XL nouvelle. *Cum multos amor* etc. -- *J. Maetham fecit et excud.*

Largeur : 8 pouces, 3 lignes. Hauteur : 6 pouces, 3 lignes ; La marge du bas : 9 lignes.

60.

Une demoiselle de Dantzig, représentée dans son habillement à la mode d'alors.

Virgo Gedanensis - - J. Matham sculp. R. de **de**
baudous exc.

Hauteur : 9 pouces , 11 lign. Largeur : 7 pouces , 3 lign.

On a de ce morceau des premières épreuves sans les mots : *Virgo Gedanensis.*

61.

Représentation de la baleine monstreuse
qui vint échouer sur les côtes de Hollande
en l'année 1598. *Ingens caeruleo iactatus*
etc. - - *I. Matham sculp.* - - A°. 1598.

Largeur · 15 pouces , 9 lignes. Hauteur : 10 pouces , 1 ligne. La marge du bas : 1 pouce, 7 lignes.

II. PIÈCES GRAVÉES D'APRÈS LES DESSINS
DE DIFFÉRENS MAITRES.

D'après Pierre Aertsens. Voyez : *Langepier.*

*D'après Theodore Barentsen , nommé
Theodore Bernard.*

62.

La Vierge ayant sur ses genoux l'enfant
Jésus qui tient une plante , et qui a autour
du cou un collier de perles ; à mi-corps.

Innuba quos Virgo etc. - - *Theodorus Bernardus Amsterodamus pinxit.*

Hauteur : 7 pouces , 10 lignes. La marge du bas : 6 lignes. Largeur : 7 pouces , 1 ligne.

D'après Abraham Bloemaert.
63.

Abraham renvoyant Agar et son fils Ismael. *Dum petulans Dominae* etc. *Abrahamus Bloemaert Inven. J. Maetham sculp. et excudit.* A°. 1603. *Cum privil. Sa. Cae. M.*

Hauteur : 15 pouces , 10 lignes. La marge du bas : 1 pouce. Largeur : 13 pouces , 1 ligne.

64.

Thamar empruntant la figure d'une courtisanne, pour se prostituer à son beau-père Judas, dont elle reçoit pour gages un anneau et un bâton. *Dum sedet in bivio* etc. - - *Abraham Bloemaert Inue. J. Maetham sculp. et excud. Cum privil. Sa. Cae. M.*

Hauteur : 9 pouces , 6 lignes. La marge du bas : 6 lignes. Largeur : 7 pouces , 1 ligne.

65.

L'ange annonçant à la Vierge le mistère de l'incarnation. La Vierge n'est vue qu'à mi-corps. *Virgo tibi plenis* etc. - - *Abraham*

Bloemaert Inuentor. Ja. Matham scul. et excud. 1610. *Cum privil. Sac. Caes. M.*

Hauteur : 7 pouces, 2 lignes. La marge du bas : 1 pouce, 2 lignes. Largeur : 5 pouces, 5 lignes.

66.

La naissance de Jésus Christ. Les figures qui entrent dans cette composition, sont à mi-corps. *O felix partus* etc, *Abraham Bloemaert* etc., comme dans la pièce précedente dont celle-ci fait le pendant.

67.

Les bergers adorant l'enfant Jésus nouvellement né. *O ter, et o quoties* etc. *Abrahamus Blommaert Inuentor. J. Matham sculp.*

Largeur : 10 pouces, 6 lignes. Hauteur : 7 pouces, 4 lignes. La marge du bas : 11 lignes.

68.

La Vierge aiant entre ses bras l'enfant Jésus adoré par deux anges. *Coelicolae Christum natum* etc. -- *A. Blommaert Inuentor. J. Matham sculptor et excud.* A°. 99.

Hauteur : 5 pouces, 5 lignes. La marge du bas : 10 lignes. Largeur : 4 pouces, 2 lignes.

69.

La Vierge assise dans une gloire, ayant un croissant sous ses pieds, et adorant l'enfant Jésus couché sur ses genoux. *Virgo parens, nitido* etc. - - *Abraham Bloemaert Inuentor -- J. Maetham sculptor et excud.* 1607. *Cum privil.* etc.

Hauteur : 9 pouces , 5 lignes. La marge du bas : 15 lignes.
Largeur : 7 pouces.

70.

La Véronique tenant un linge , sur lequel est imprimé la sainte face de Jésus Christ. *Vidimus eum , et non erat* etc. - - *A. Bloemaert pinxit. Anno* 1605. -- *J. Maetham sculp. et excud. -- Cum privil. Sa. Cae. M.*

Hauteur : 15 pouces , 8 lign. Largeur : 11 pouces , 8 lign·

71.

S. François recevant les stigmates. *Dum calidas Francisce* etc. - - *A. Bloemaert Inue. J. Matham sculp. Cum privil. Sa. Cae. M.*[tis]

Hauteur : 8 pouces , 4 lignes. La marge du bas : 5 lignes.
Largeur : 5 pouces , 6 lignes.

72.

S. Laurent, martyr, priant à genoux. *Tantane Laurenti subijt* etc. - - *A. Bloemaert Inuen. Matham sculp. et excud.*

Hauteur : 8 pouces , 3 lignes. La marge du bas : 6 lignes.
Largeur : 5 pouces , 7 lignes.

73.

S. Etienne à genoux , tenant des pierres, instrumens de sa passion. *O Stephane, ante*

diem etc. - - Abr. Bloemaert Inue. Jac. Ma-
tham sculp. et excud. - - Cum privil. Sa. Cae. M.

Même dimension que la pièce précédente.

74.

S. Cathérine, martyre, tenant une pal-
me, et appuyée sur les instrumens de son
supplice. *S. Catharina. - - Pro Christi et san-*
ctae etc. - - Abrahamus Bloemaert Inue. - -
J. Maetham sculp. et excud.

Hauteur : 10 pouces, 4 lignes. La marge du bas : 8 lignes.
Largeur : 7 pouces, 7 lignes.

75.

La parabole du démon qui seme de l'y-
vraie, dans un champ ensemencé de fro-
ment, pendant que les laboureurs sont
endormis; représenté dans un paysage.
Dum tenet ignavus etc. - - A. Bloemaert In-
uen. J. Maetham sculp. et excud. - - Cum pri-
vil. Sa. Cae. M.

Largeur : 18 pouces, 7 lignes. Hauteur : 13 pouces, 3 lignes. La marge du bas : 9 lignes.

76.

Cupidon venant trouver au lit sa chère
Psiché. *Phoebi potentis pulchra etc. - - Cum*
privil. Sa. Cae. M. A. Bloemaert Inuentor.
J. Maetham sculptor et excud. 1607.

Hauteur : 15 pouces, 7 lignes. La marge du bas : 11 lignes. Largeur : 11 pouces.

77.

Danaé couchée sur un lit, et recevant Jupiter changé en pluie d'or. *Cum privil. Sac. Caes. M. Abraham Bloemaert Inuentr. Ja. Matham sculptor et excud.* 1610.

Largeur : 9 pouces, 2 lignes. Hauteur : 6 pouces, 9 lignes. La marge du bas : 4 lignes.

D'après Mathieu Boys.

78.

S. Elisabeth à genoux, soutenant le petit S. Jean qui présente un oiseau à l'enfant Jésus assis sur les genoux de sa mère, *Felices ambae ante* etc. -- *M. de Boys pinxit* -- *J. Maetham sculp. et excud.* 1607.

Hauteur : 10 pouces, 10 lignes. La marge du bas : 7 lignes. Largeur : 8 pouces, 9 lignes.

D'après Paul Bramer.

79.

S. Apollonie tenant l'instrument de son martyre ; à mi-corps. *S. Apollonia.* -- *Paulus Bramer inuentor. Jac. Mattam sculpsit* -- *Superiorum permissu.* -- *Jacobus Laurus excudit Romae* 1598. *Cum privilegio* etc.

Hauteur : 6 pouces, 7 lignes. La marge du bas : 13 lignes. Largeur : 5 pouces, 2 lignes.

80.

S. Marthe victorieuse du démon qui lui apparoît sous la forme d'un dragon, à mi-corps. Ce morceau fait le pendant du précédent. *S. Marta.* Les autres inscriptions comme ci-dessus.

D'après Michel-Ange Buonaruoti.

81.

Moyse législateur d'Israel, représenté assis, et ayant sous le bras les tables de la loi : d'après la statue de marbre de Michel-Ange, qui est au tombeau du pape Jules II, dans l'église de *S. Pierre aux liens* à Rome. *Michel agnolo Bvonarrvoti fecit Romae - - Cum privil. Sa. Cae. M. Maetham sculp. et excud.*

Hauteur : 13 pouces, 3 lign. Largeur : 8 pouces, 10 lign.

82.

Le Sauveur debout tenant sa croix ; d'après une statue en marbre qui est à Rome dans l'église *notre Dame sur la Minerve - - Michel-agnolo Bvonarrvoti fecit Romae. - - Ex candida marmorea statua sic J. Maetham effigiavit, sculpsit et excudit. - - Henrico de Keiser - - merito lubens D D. - - Cum privil. Sa. Cae. M.*

Hauteur : 13 pouces, 3 lign. Largeur : 8 pouces, 5 lign.

D'après Paul Cagliari, dit Paul Veronese.
83.

La Vierge saluant sainte Elisabeth à qui elle vient rendre visite. *Zachariae Christi genitrix* etc. - - *P. Verones. in. J. Matham sculp. - - J. C. Visscher excudit.* Ce morceau est ceintré par le haut.

Hauteur : 14 pouces, 7 lignes. Largeur : 8 pouces.

D'après Denis Calvaert.
84.

Jésus Christ, l'homme de douleurs, attaché à la colonne pour y être fouetté. *Jam cuncta passus* etc. - - *Dionisio Calvart pinx. - - Jac. Matham sculp.* 1612. - - *Cum privil. Sa. Cae. M.*

Hauteur : 10 pouces, 1 ligne. La marge du bas : 7 lignes. Largeur : 7 pouces, 10 lignes.

D'après Joseph Cesari d'Arpin, dit le Josepin.
85.

Moyse représenté assis - - *Moyses - - Josephus Arpinas Romae pinxit, et Jacobus Maetham ibidem sic effigiavit et sculpsit Harlemi.* - - A.º 1602. Ce morceau fait partie d'une suite de trois estampes, composée de celui-ci, du suivant et de Nr. 171. de l'article *Charles van Mander.*

Hauteur : 11 pouces, 6 lignes.. Largeur : 8 pouces

86.

Marie, soeur de Moyse et d'Aaron, représentée assise. *Maria soror Moysis et Aaronis. -- J. Arpinas pinx. Romae.--J. Maetham sculp. et excud.-- Cum privil. Sa. Cae. M.*

87-90.

Les quatre saints docteurs de l'église, Suite de quatre estampes.

Hauteur : 10 pouces, 8 lignes. Largeur : 7 pouces, 9 lign.

1) S. Grégoire. *Haereticos domui, decoravi* etc. -- *Ad exemplar picturae Josephi Arpinatis quae est in aede S. Praxedis Romae sic Jacobus Maethamus effigiavit et sculpsit--* 1660.

2) S. Ambroise. *Non vanum fuit* etc. -- *Josephus Arpinas pinxit. Maetham sculp. et excud.*

3) S. Augustin. *Plurima doctori Ambrosio* etc. --*Josephus Arpinas pinxit. Maetham sculp. et excud.*

4) S. Jerôme. *Scriptor et interpres* etc. --*Josephus Arpinas pinxit Romae. Maetham sculp. et excudit.*

91.

L'Amour domptant le dieu Pan. *Natu-
ram quoque vincit* etc. -- *J. Maetham sculpt.
Goltzius excud.* -- *Josephus Arpinas Inue.*

Largeur : 14 pouces, 9 lign. Hauteur : 9 pouces, 10 lign.

D'après Corneille Cornelis.

92.

Susanne au bain, surprise par les deux
vieillards. *Illecebris tentata senum* etc. --
*C. Harlemensis Inuen. J. Matham sculp. et
excud.* A.°99.

Hauteur : 7 pouces, 7 lignes. La marge du bas : 1 pouce,
Largeur : 6 pouces, 2 lignes.

93.

La Vierge vue de profil, et ayant entre
ses bras l'enfant Jésus qui est assis sur un
coussin; à mi-corps. Planche exagone.
Ipsa suum Regina etc. -- *C. C. Harlemensis* -- *Jacobus Matham.*

Hauteur : 4 pouces, 2 lignes. La marge du bas : 9 lignes.
Largeur : 4 pouces, 6 lignes.

94.

Les nymphes de Diane s'appercevant
de la grossesse de Calisto. *Montinagas inter
Triuiae* etc. -- *C. C. Inuent. J. Maetham schlp.*

Hauteur : 8 pouces, 10 lignes. La marge du bas : 6 lignes,
Largeur : 7 pouces, 1 ligne.

95.

Apollon, dieu du soleil, représenté debout sur des nues. *Astrorum princeps, Coeli decus* etc. -- *C. C. Harlemensis Inuent. J. Matham sculp.*

Hauteur: 12 pouces. La marge du bas: 5 lignes. Largeur: 8 pouces, 2 lignes.

96.

Diane, déesse de la lune, pareillement représentée debout sur des nues. *Sortior ex Phoebo* etc. -- *C. C. Harlemensis Inuent. J. Maetham sculp.* Ce morceau fait le pendant du précédent, et en a la meme dimension.

D'après Albert Durer.

97.

Le portement de croix et le crucifiement de Jésus Christ et des deux larrons. Composition de beaucoup de figures. *Pro me mortali* etc. -- *Albertus Durerus figurauit* -- 1505. -- *Jac. Matham sculp.* -- *Joan Goyuaerts excudit* -- *Cum privil. Sa. Caes. M.*

Hauteur: 20 pouces, 3 lignes. La marge du bas: 10 lignes. Largeur: 14 pouces, 5 lignes.

D'après Adam Elsheimer.

98.

S. François priant avec ferveur dans sa solitude. *Cum castas Francisce* etc. -- *A. Elsheimer pinxit.* -- *J. Matham sculp. et excud.* 1611. -- *Cum privil. Sa. Cae. M.*

Hauteur: 6 pouces, 2 lignes. La marge du bas: 9 lignes. Largeur: 4 pouces.

D'après Paul Franceschi.

99.

Le corps mort de Jésus Christ étendu par terre aux pieds de la Vierge, et près de S. Jerôme qui se frappe la poitrine avec une pierre. *Ecce jacet Christus* etc. -- *Paulo Fransisci Inue. J. Matham sculp.*

Hauteur: 9 pouces, 4 lignes. La marge du bas: 5 lignes. Largeur: 8 pouces.

D'après Henri Goltzius.

a. *Sujets pieux.*

100.

Adam et Eve dans le paradis, mangeant du fruit de l'arbre de vie. *Fortunati ambo si mens* etc. -- *Goltzius Inuentor.* -- *J. Matham sculptor et excud.* - - *Cum priuil. Sa. Cae. M. A° 1606.*

Largeur: 14 pouces. Hauteur: 10 pouces, 6 lignes. La marge du bas: 10 lignes.

On a deux épreuves différentes de ce morceau. Dans la première le groupe de la création d'Eve, qui se voit dans le fond vers la droite, offre la figure du dieu le père entièrement exprimée. Dans la seconde la figure du dieu le père est supprimée, et remplacée par une aureole de forme ovale, entourée de rayons. Cette seconde épreuve porte l'adresse de : *I. C. Visscher excud.*

101.

S. Madeleine à genoux, au pied de la croix, sur laquelle Jésus Christ est attaché. *Magdalis effuso luget* etc. - - *Goltzius Inuentor et excud.* - - *J. Maetham sculp. A°. 1602. - - Cum privil. Sa. Cae. M.*

Hauteur : 10 pouces, 5 lignes. La marge du bas : 8 lignes. Largeur : 7 pouces.

On a de ce morceau des épreuves postérieures, marquées de cette adresse : *J. C. Visser excud.*

102.

Jésus Christ rompant le pain, et se faisant reconnoître à deux de ses disciples qui sont à table avec lui dans le château d'Emaüs. *Discipuli agnoscunt, dum* etc. -- *Goltzius Inuent. J. Matham sculpt.*

Hauteur : 9 pouces, 2 lignes. La marge du bas : 8 lignes. Largeur : 6 pouces, 7 lignes.

103.

Jésus Christ après sa résurrection ap-
paroissant à la Madeleine sous la figure
d'un jardinier. *Odit amor latebras* etc. - -
*Goltzius Inue. Anno 1602. J. Maetham
sculp. et excud. - - Cum privil. Sa. Cae. M.*

Hauteur : 9 pouces , 7 lignes. La marge du bas : 9 lignes.

Largeur : 7 pouces.

104.

Jésus Christ, l'homme de douleurs,
assis au milieu de deux anges qui tiennent des flambeaux allumés. *Quas homo
pro* etc. - - *Goltzius Pinxit. - - J. Matham
sculp. et excud. - - Cum priuil. Sa. Cae. M.tis.*

Hauteur : 19 pouces , 8 lignes. Largeur : 13 pouces.

105.

L'homme de douleurs étendu à terre
dans le tombeau , et accompagné de deux
anges dont l'un le tient par la main en
pleurant. *Quam pudet et spectare* etc. - -
*Goltzius Inuentor. Jac. Matham sculptor
et excudit - - Cum priuil. Sac. Caes. M.tis.*

Largeur : 17 pouces. Hauteur : 12 pouces. La marge du
bas : 6 lignes.

106.

La Vierge et S. Jean au pied de la croix
sur laquelle Jésus Christ est attaché. *In* ·

duro cernis etc. - - **HG** *oltzius Inuent. J. Ma-*
tham sculpt.

Hauteur : 19 pouces. La marge du bas : 5 lignes. Largeur :
6 pouces, 1 ligne.

107.

S. Elisabeth et son mari, accompagnés de S. Jean, s'approchant avec res-
pect de la Vierge qui tient l'enfant Jésus, et est assise près de S. Joseph, dans
un paysage où ils se reposent l'un et l'autre
sur le bord d'un ruisseau. *Helisabe nato*
comitata etc. - - **HG** *oltzius Inue. J. Matham*
sculp.

Hauteur : 13 pouces, 9 lignes. La marge du bas : 7 lignes.
Largeur : 10 pouces, 4 lignes.

108.

La Vierge accompagnée de S. Joseph,
et ayant entre ses bras l'enfant Jésus ; à
mi-corps. *Virgo, nata parens* etc. - - **HG**
excud. J. Matham sculp. A°. 1590.

Hauteur : 3 pouces, 8 lignes. Largeur : 3 pouces, 1 ligne.
La marge du bas : 7 lignes.

109.

La Vierge considérant l'enfant Jésus
couché dans la creche, et accompagné de
deux anges dont l'un joue de la guittare
et l'autre du flageolet. *Quam felix est* etc.

. - Goltzius Inuentor. J. Matham sculp. Cum priuil. Sa. Cae. M.

Hauteur : 13 pouces, 10 lignes. La marge du bas : 1 pouce.
Largeur : 10 pouces, 11 lignes.

110.

La Vierge ayant sur ses genoux l'enfant Jésus qui tient de la main droite une pomme, et de l'autre une fleur ; à mi-corps *HG.-- J. Maetham fecit.* Ce nom est écrit à rebours et en très petits caractères au haut de la planche, tout-à-fait sur le bord. Petite planche ovale.

Diamètre de la hauteur : 2 pouces ; celui de la largeur 1 pouce, 5 lignes.

111.

L'enfant Jésus assis sur un coussin, tenant de la main gauche le globe de la terre, et donant de l'autre la bénédiction. *Sit nomen domini* etc. -- *Qua licet fas est* etc. -- *HGoltzius Inue.* -- *Ja. Matham sculp. et excud.* -- *Cum priuil. Sa. Cae. M.*

Hauteur : 7 pouces, 1 ligne. La marge d'en haut : 3 lignes.
Celle du bas : 10 lignes. Largeur : 5 pouces, 1 ligne.

112.

S. Jean Baptiste assis dans le désert près d'une fontaine où il vient de puiser de l'eau dans une coquille. *Hic puer a tene-*

ris etc. - - *Goltzius Inuent. J. Matham sculp.*

Hauteur : 6 pouces, 8 lignes. La marge du bas : 10 lignes. Largeur : 5 pouces, 3 lignes.

113.

S. Luc peignant un image de la sainte Vierge. *Nobilis ille Syrus* etc. - - *G fecit.-- Jac. Matham sculptor - - Cum privil. Sa. Caes. M.^{tis}.*

Hauteur : 17 pouces, 6 lignes. La marge du bas : 13 lignes. Largeur : 13 pouces, 10 lignes.

Les épreuves postérieures portent cette adresse : *J. Meyssens excud.*

114.

La Madeleine priant dans la solitude, devant un crucifix ; à mi-corps. *Magdalena gemens, priscae* etc. - - *G. Inuent. -- J. Matham sculp.*

Hauteur : 5 pouces, 9 lignes. La marge du bas : 6 lignes. Largeur : 4 pouces, 11 lignes.

115.

La même sainte pénitente, priant devant un crucifix dans le désert. *Infelix nuper vitiorum* etc. -- *Goltzius Inue. J. Maetham sculp. et excud. -- Cum privil. Sa. Cae. M.*

Hauteur : 9 pouces, 6 lignes. La marge du bas : 8 lignes. Largeur : 7 pouces,

116.

S. Catherine à mi-corps, ayant la main gauche posée sur sa poitrine, et l'autre sur la croix. Son supplice est représenté dans le fond à gauche. *Sancta Catharina.-- Goltzius Inuentor. - - Jac. Matham sculp. et excud. -- 1615 -- Cum privil. Sa. Cae. M.*

Hauteur : 11 pouces, 9 lignes. La marge du bas : 4 lignes. Largeur : 9 pouces, 10 lignes.

b. *Allegories.*

117-123.

Les Vertus, représentées sous des figures de femmes qui en portent les attributs, et qui sont à mi-corps. Suite de sept estampes.

Hauteur : 4 pouces, 9 à 10 lignes. La marge du bas : 9 lignes. Largeur : 3 pouces, 8 à 9 lignes.

1) La foi. *Sacra fides passim* etc. - - *Goltzius Inuent. J. Matham sculp.* A°. 1597.

2) L'espérance. *Moerentes recreo, vitae* etc.

3) La charité. *Quatum vis magnos* etc.

4) La justice. *Aequa judicij suspendo* etc.

5) La prudence. *Arcanas rerum scrutor* etc.

6) La force. *Impositum valido sustento* etc.

7) La tempérance. *Nec mihi deliciae* etc.

On a d'assez bonnes copies de cette suite

d'estampes, qui sont gravées en contre-partie des originaux, en 1622 par *Jean Te-minus*, et dont chacune porte quatre vers Italiens dans la marge du bas.

D'autres copies, qui sont mal gravées par un anonyme, portent cette adresse : *G. Valck Exc.* marquée sur chaque pièce. Ces copies sont pareillement en contre-partie des originaux, excepté le Nr. 1. qui est la planche originale.

124.

La foi, l'espérance et la charité, repré-sentées par des femmes qui en portent les attributs : sur un fond de paysage. *Promis-sis nil diffisus* etc. - - *HG Inuent.* A.° 1590. *J. Matham sculp.*

Hauteur : 12 pouces, 10 lignes. La marge du bas : 8 lignes.
Largeur : 10 pouces.

125 - 131.

Les sept vertus et les sept péchés ca-pitaux, représentés par des femmes qui en tiennent les attributs, et qui sont de-bout dans des niches. En deux suites de sept estampes gravées par *J. Matham*, à l'exception de deux pièces qui ont été gravées par *Jean Saenredam*.

Hauteur : 12 pouces. Largeur : 6 pouces.

1) La foi. *Prisca fides nullo* etc. - - *HG olt-zius Inuent.* A°. 1593.

2) L'espérance. *Spes humiles luiquit* etc.

3) La charité. *Blanda Charis diuina* etc. *HG. Inue.*

4) La justice. *Sincera atque exosa* etc. - - *HG Inue.*

5) La prudence. *Ventura expendit vigili* etc. - - *HG Inue.* A°. 1593.

6) La force. *Strennua in aduersis* etc. - - *HG Inue.* Ce morceau est gravé par *J. Saenredam.*

7) La tempérance. *Temperies pateras et fer-cula* etc. - - *HG Inue. J. Saenredam sculp.* 132 - 138.

1) L'orgueil. *Demona turbauit vesana* etc. - - *HG Inue. J. Matham scul.*

2) La gourmandise. *Ingluuies Bromy, laute* etc. - - *HG Inue.*

3) L'impureté. *Quos non dementat* etc. - - *HG Inue.*

4) La colère. *Quodlibet in facinus* etc. - - *HG Inue.*

5) L'envie. *Inuidia asperius nihil* etc. - - *HG Inue.*

6) L'avarice. *Seruit Auarities, aurique* etc. - - *HG Inue.*

7) La paresse. *Excaecat divinae aciem* etc.
HG Inue.

139.

Le tableau de Cébes, dans lequel, suivant l'idée de ce philosophe, l'on a représenté d'une manière allégorique tout ce qui arrive à l'homme depuis son entrée dans la carrière de la vie, jusqu'à ce qu'il soit parvenu par des chemins difficiles, au séjour de la suprème félicité, où qu'il se soit laissé entrainer par les passions dans l'abime de misère. Composition riche de plus de deux cent figures, gravée sur trois planches jointes ensemble. *Dircaei commenta Sophi* etc. - - *Hocce artis calcographicae - - - HGoltzius Inuentor amicitiae ergo D. D. Jacobus Mathamius Goltzij priuignus sculp.* 1592. Ce morceau est rare.

Largeur : 46 pouces. Hauteur : 23 pouces, 6 lignes. La marge du bas : 10 lignes.

140 - 143.

Les quatre Saisons de l'année, représentées par des figures symboliques. Suite de quatre estampes. Planches rondes.

Diamètre 8 pouces, 9 lignes. La bordure marginale : 5 lign.

1) Le printems. *Vere reflorescens vestitur* etc. *HGoltzius Inuent. et excud.* 1589 - -

Jacobus   Mathamius   Goltzij   priuignus sculp.

2) L'été. *Aestas maturis foecundat* etc. -- *KG Inue.*

3) L'automne. *Pomifer autumnus turgenti-* etc. -- *KG Inuet.*

4) L'hiver. *Alget et ante* etc. -- *KG Inuent.*

On a de ces quatre estampes des copies faites par *Greuter,* sur des planches de forme carrée, qui portent 8 pouces, 7 lignes de hauteur, sur 7 pouces, 2 lignes de largeur. La marge du bas a 10 lignes. *Greuter* les a copiées trait pour trait: il n'y a que les fonds où il a fait quelques légers changemens. On lit sur Nr. 1. *KG oltzius inuent. Greuter sc. et exc.*

144-147.

Les quatre Élémens, représentés sous des figures d'hommes et de femmes nues qui en portent les attributs; dans des cartouches de forme ovale. Suite de quatre estampes gravées par *J. Matham* dans le tems de ses commencemens.

Largeur: 5 pouces, 6 lignes. Hauteur: 4 pouces, 4 lign.

La planche où l'eau est représentée, est marquée de ces deux mots: *Maetham excud.*

148.

Diane déesse de la lune, favorisant les amours d'un jeune homme qui va jouer de la guittare sous les fenêtres de sa maitresse. *Luna. - - Sic Juvenes Lunae per etc - - H Goltius inuentor. J. Matham sculp. Joann. Jansson. excud.* 1615.

Largeur : 10 pouces, 10 lignes. Hauteur : 7 pouces, 4 lignes. La marge du bas : 5 lignes.

c. Sujets fabuleux.

149 - 155.

Les divinités qui président aux sept planètes, représentées debout, dans des formes ovales, environnées de cartouches. Suite de sept estampes numérotées, dont la première porte ces inscriptions : *H. Goltzius Inue.* 1597. *- - J. Matham sculpt.*

Hauteur : 4 pouces. La marge du bas : 3 lignes. Largeur : 2 pouces, 9 lignes.

Les épreuves postérieures portent cette adresse : *Joan. Janssonius exc.* marquée sur la première pièce.

156 - 159.

Les amours des Dieux. Suite de quatre estampes.

Hauteur : 9 pouces, 10 lignes. La marge du bas : 5 lignes. Largeur : 7 pouces, 1 ligne.

1) Jupiter et Europe. *Juppiter Europam vectam etc. - - HGoltzius Inue. J. Matham sculp.*

2) Apollon et Leucothoé. *Phoebus Leucothoen blandis etc. - - HG Inuent.*

3) Mars et Vénus. *Armipotentis amor, nitidae etc. - - HG Inuent.*

4) Hercule et Déjanire. *Post luctam Alcidae etc. - - HG Inuent.*

160.

Vénus ordonnant à l'Amour, de percer de ses flèches le coeur de Pluton. *Flammiferis feriat stygium etc. - - HG Inuen. J. Matham sculp. A.º 1590.*

Hauteur : 7 pouces. La marge du bas : 5 lignes. Largeur : 5 pouces, 1 ligne.

161.

Vénus emportant le prix de la beauté, étant accompagnée de l'Amour; à mi-corps. On voit dans le fond à droite le jugement de Paris. *Aligero magnus armata etc. - - HG Inuento. Ja. Matham sculptor et excud. - - 1612.*

Hauteur : 8 pouces, 7 lignes. La marge du bas : 13 lignes. Largeur : 6 pouces, 8 lignes.

162.

Andromède attachée sur le rocher, où elle doit être dévorée, en présence de son père et de tout le peuple, par un monstre marin. *Andromade ceto misere* etc. -- *Goltzius Inuent. J. Matham sculp. A⁰ 1597. Cum priuil. Sa. Cae. M.*

Largeur : 13 pouces, 9 lignes. Hauteur : 9 pouces, 5 lignes. La marge du bas. 6 lignes.

D'après Martin Heemskerk.
163.

La trinité, représentée par Dieu le père, ayant entre ses bras le corps de Jésus Christ son fils unique; à mi-corps. Vers le haut plane le S. Esprit sous la forme d'une colombe. *Summa creatori rerum* etc. -- *Cum priuil. Sa. Cae. M.* -- *M. Heemskerck pinxit* -- *J. Matham sculp. et excud. An. 1602.*

Hauteur: 11 pouces. La marge du bas : 8 lignes. Largeur : 8 pouces, 2 lignes.

D'après Pierre Aertsens, nommé Langepier.
164.

Des paysans et paysannes assises dans un marché, au milieu de paniers remplis de fruits, de légumes et d'autres denrées. L'on remarque dans le fond du tableau le sujet de la parabole du père de famille qui envoie des ouvriers travailler à sa *y* vigne. *Non nisi per duros* etc. - - *LangePier pinx. J. Maetham sculp. et excud.*

Largeur : 12 pouces, 3 lignes. Hauteur : 7 pouces, 5 lignes. La marge du bas : 1 pouce , 1 ligne.

165.

Une Hollandoise apportant du poisson dans une chambre , au fond de laquelle on apperçoit Jésus Christ à table avec deux de ses disciples, dont il se fait connoître en rompant le pain. *Jésus in fractione panis agnoscitur - - Cum privil. Sa. Cae. M. - - Jacobus Maetham fecit.* Ce morceau est gravé d'après *Langepier*, quoique son nom ne s'y trouve pas.

Largeur : 11 pouces, 10 lignes. Hauteur : 8 pouces, 6 lignes. La marge du bas : 5 lignes.

166.

Un homme parlant à une femme qu'il prend par les épaules, et qui est assise près d'une table dans une cuisine. On apperçoit dans le fond le mauvais riche assis à table. *Cum privil. Sa. Cae. M. - - J. Maetham fecit et excud.* Ce morceau est pareillement sans le nom de *Langepier*.

Largeur : 12 pouces , 4 lignes. Hauteur : 8 pouces, 4 lignes. La marge du bas : 4 lignes.

167.

Une vendeuse de légumes et de fruits, environnée de paniers qui en sont remplis, et accompagnée d'un jeune paysan qui tient une poule et un panier d'oeufs. *Langepier pinxit - - J. Maetham sculp. et excud.* 1603 - - *Cum privil. Sa. Cae. M.*

Largeur : 12 pouces, 4 lignes. Hauteur : 8 pouces, 6 lignes. La marge du bas : 2 lignes.

168.

Une femme assise dans une cuisine auprès d'un homme qui tourne la broche. *Langepier pinxit - - J. Maetham sculp. et excud.*

Largeur : 12 pouces, 3 lignes. Hauteur : 8 pouces, 5 lignes. La marge du bas : 3 lignes.

D'après Corneille Kettel.

169.

Portrait d'un anonyme en buste, tenant un verre à la main. Dans un cartouche ovale, orné de figures emblématiques. *Aetatis XLVIIII. Anno cIɔ Iɔ I. II. - - Mitz eyghen soecking meest* etc - - *Cornelius ketel pinxit. Jacobus Maetham sculpsit.*

Hauteur : 9 pouces, 4 lign. Largeur : 6 pouces, 7 lign.

D'après Lucas de Leyde.

170.

Les trois rois adorant l'enfant Jésus, et lui offrant des présens. Les figures qui entrent dans la composition de ce sujet, sont à mi-corps. *Jac. Matham sculp. - - Cum privil. Sa. Cae. M.* Ce morceau est des commencemens de *J. Matham.*

Largeur : 11 pouces, 11 lign. Hauteur : 9 pouces, 6 lign.

D'après Charles van Mander.

171.

Le grand prètre Aaron, représenté assis, et revètu de ses habits sacerdotaux. *Aaron. - - K. v. Mander Inuen. - - J. Maetham sculp. et excud. - - Cum privil. Sa Cae. M.*

Hauteur : 11 pouces, 4 lign. Largeur : 7 pouces, 10 lign.

Ce morceau fait partie d'une suite de trois estampes dont les deux premières sont décrites ci-dessus aux numéros 85 et 86 de l'article de *Joseph Cesari.*

172 - 175.

La vie de l'enfant prodigue. Suite de quatre estampes.

Hauteur : 8 pouces, 1 ligne. La marge du bas : 6 lignes.

Largeur : 6 pouces, 2 lignes.

1) L'enfant prodigue recevant ses droits

d'héritage avant son départ. *Prodigus,*
et monitis oblatrans etc. *K. v. M. Inuent.*
J. Maetham schulp. - - 1592.

2) Il consomme son bien dans les plaisirs
de la table avec des gens de mauvaise
vie. *Ille iugo excusso* etc.

3) Il est reduit à garder les pourceaux.
Ach miser, ac omni etc.

4) De retour à la maison paternelle il est
tendrement reçu de son père. *Hinc pa-*
trias dum versat etc. - - *K. V. M. Inuent.*
J. Maetham schulp.

176 - 179.

Les quatre parties du jour. Suite de
quatre estampes.

Largeur : 10 pouces, 7 lignes. Hauteur : 6 pouces, 7 lignes. La marge du bas : 9 lignes.

1) La matin présidé par l'Aurore. *Aurora.*
-- Rosida quum primum etc. - - *K. V. Man-*
der Inuen. J. Maetham sculp. et excud. - -
Cum privil. Sa. C. Ma.

2) Le midi, par Phoebus. *Meridies.* - - *Igne-*
us auricomum Phaebus etc. - - *K. V. Man-*
dere Inuen. J. Maetham sculp. et excud,

3) Le soir, par Vénus. *Vesper.* - - *Candida*
dum solitum etc. - - *K. v. Mandere inuen.*
J. Maetham sculp. et ex.

4) La nuit, par Morphée. *Nox. - - Cui pater est somnus* etc. - - *K. V. Mandere inuen. J. Maetham sculp. et ex.*

180.

La vanité de la vie humaine, pièce emblématique, au milieu de laquelle on voit un pot de fleurs entre un jeune enfant et la mort. *Est vere putris* etc. - - *K. v. Mandre Inuentor. J. Maetham sculptor et excud. - - Anno* 1599.

Hauteur : 14 pouces, 6 lign. Largeur : 11 pouces, 3 lign.

D'après Michel Mierevelt.

181.

Philippe Guillaume, prince d'Orange comte de Nassau, à mi-corps, s'appuyant de la main droite sur une table, et tenant de l'autre la garde de son épée. *Illustrissimi Excellentissimique Principis Philippi Guilielmi - - - effigiem hanc ex vultu expressit Michael Johannis à Mireveld, aeri incidit Jacobus Matham.*

Hauteur · 13 pouces, 10 lignes. La marge du bas : 1 pouce, 4 lignes. Largeur : 10 pouces, 6 lignes.

182.

Portrait de Henri prince d'Orange, comte de Nassau ; à mi-corps, tenant de

la main droite le bâton de commandement
et portant l'autre sur la garde de son épée.
Hanc Principis Illustrissimi Henrici Nas-
sauii - - - uultu expressam ab Michaele Jo-
hannis Miercueldio effigiem aeri insculpsit
Jacobus Matham cum sexennali priuile-
gio, ipsiusque Principis concessione. Anno
cIↄ.Iↄ.c.X.

Hauteur : 13 pouces, 9 lignes. La marge du bas : 1 pouce,
7 lignes. Largeur : 10 pouces, 8 lignes.

D'après Paul Morelse.

183.

Vénus environnée des Amours, assise
sur un lit, se laissant déshabiller par une
de ses Nymphes, tandisqu'un Amour
aide Mars à se défaire de ses vêtemens.
Aligerum pennata cohors etc. - - *Paulus*
Morelse Inuentor. - - *J. Maetham sculptor et*
excud.

Largeur : 14 pouces, 5 lignes. Hauteur : 10 pouces, 2 lignes. La marge du bas : 1 pouce, 2 lignes.

184.

Acteon changé en cerf, en surprenant
Diane dans le bain avec ses Nymphes. *So-*
le sub ardenti caedis etc. - - *Paulus Morelse*

Inuentor. Jac. Matham sculptor et excud.
Cum privil. Sa. Caes. M.

Largeur : 20 pouces. Hauteur : 13 pouces. La marge du
bas : 11 lignes.

185.

Portrait d'Abraham Bloemaert, peintre
hollandois, représenté en buste, dans un
cartouche ovale, au dessus duquel sont
assises la renommée et le dessin. *Abraha-*
mus Bloemaert pictor Georgicomius aetat.
XLIII. 1610. - - Abrahamus ille flos etc. - -
P. Morelsen pinxit ad vivum. J. Matham
sculp. et excud. Cum privil. Sa. Cae. M.

Hauteur : 11 pouces, 5 lignes. Largeur : 8 pouces,
2 lignes.

D'après Jacques Palma.
186.

Les mages adorant Jésus Christ, et lui
offrant des présens. *Eoi visunt Christi* etc.
- - *J. Palma inue.* - - *J. Maetham schulp.* - -
J. C. Visscher excu. Ce morceau est ceintré par le haut.

Hauteur : 15 pouces. La marge du bas : 6 lignes. Largeur :
8 pouces, 11 lignes.

187.

La prière de Jésus Christ dans le jardin

III. Vol.   M

des olives. *Pro nostro Christus* etc. - - *J. Palma Inuent. J. Matham sculp.*

Hauteur : 13 pouces, 11 lignes. La marge du bas : 9 lignes.
Largeur : 10 pouces.

D'après Bernardin Barbatello, nommé
Pocchietti.
188.

Dieu ordonnant à l'ange Gabriel, d'aller trouver la Vierge, et de lui annoncer, qu'il l'a choisie pour être la mère du Messie. *Angelus ad Mariam* etc. - - *Belardino Poccetti fiorentino Inuen. - - Jac. Matham sculp. et excud.*

Hauteur : 9 pouces, 2 lignes. La marge du bas : 4 lignes.
Largeur : 6 pouces, 6 lignes.

D'après Everard Quirini.
189.

Portrait de Joseph Cesari d'Arpin, peintre ; en buste dans un cartouche ovale. *Josephus Caesar Arpinas eques* etc. - - *Josephi vultus, augustaque* etc. - - *Everardus Quirini pinxit ad vivum. - - J. Maetham sculp. et excud. - - Anno* 1606. - - *Cum privil. Sa. Cae. M.*

Hauteur : 10 pouces, 1 lign. Largeur : 6 pouces, 10 lign.

D'après Jean van Ravesteyn.

190.

Portrait de Henri Fréderic prince de Nassau, fils de Guillaume prince d'Orange ; en buste dans un ovale. *Henricus Fredericus Nassavius* etc. -- *Joannes a Ravestein pictor.* -- *Maetham sculptor.*

Hauteur : 5 pouces , 10 lign. Largeur : 4 pouces , 7 lign.

D'après Jacques Robusti , nommé le Tintoret.

191.

Les disciples de Jésus Christ transportant son corps dans le sépulcre. *Innocui cernis laceratum corpus* etc. - - *J. Tintoret Inue.* - - *J. Matham sculp.* A? 1594. *J. C. Visscher excu.* Ce morceau est ceintré par le haut.

Hauteur : 14 pouces. La marge du bas : 5 lignes. Largeur : 8 pouces, 10 lignes.

192.

Un payen faisant inutilement tourmenter un de ses valets , pour avoir visité le tombeau de S. Marc. *Diuino quondam seruus* etc. - - *Tintoret inue. J. Matham sculp.*

Largeur : 21 pouces , 6 lignes. Hauteur : 15 pouces. La marge du bas : 9 lignes.

D'après Jean Rottenhammer.

193.

Des Satyres considérant les beautés de Vénus pendant qu'elle dort. *J. Rottenhamer Inue. venet. J. Maetham sculp. et excud.*

Hauteur : 8 pouces , 3 lignes. Largeur : 6 pouces , 1 lign.

D'après Pierre Paul Rubens.

194.

Un Philistin coupant les cheveux à Samson endormi et reposant sa tête sur les genoux de Dalila. *Qui genus humanum* etc. -- *Nob. et Ampliss.* etc. -- *Pet. Pauolo Rubens pinxit. Ja. Matham sculp. et excud.* -- *Cum privil. Sa. Caes. M.*

Largeur : 16 pouces. Hauteur : 13 pouces , 3 lignes. La marge du bas : 6 lignes.

D'après Pierre van Ryck.

195.

La naissance de Jésus Christ, faisant le sujet d'un tableau qui est placé au milieu de deux pilastres, où sont attachés en manière de festons, les instrumens de la passion de Jésus Christ, et au devant desquels sont assis les apôtres S. Pierre et S. Paul. *Nativitas salvatoris nostri.* --

Petrus van Ryck Inuentor. J. Maetham sculp-
ptor et excudit. - - Anno 1604. - - Cum privil.
Sa. Cae. M.

Hauteur : 16 pouces , 3 lign. Largeur : 10 pouces , 9 lign.

196.

L'enfant prodigue dissipant son bien
dans les plaisirs de la table , avec des gens
de mauvaise vie. *P. V. R.* (en monogramme)
pinxit. - - J. Maetham sculp. et excud. - - Luc.
XV. Cum privil. Sa. Cae. M.

Largeur : 11 pouces , 7 lignes. Hauteur : 9 pouces.

D'après François Salviati.

197.

La Vierge saluant S. Elisabeth à qui elle
vient rendre visite. *Cognatam visit geni-*
trix etc. - - *Franciscus Saluiati Florentinus*
Inuent. J. Matham sculptor.

Largeur : 24 pouces , 6 lignes. Hauteur : 15 pouces. L*
marge du bas : 1 pouce.

198.

Jésus Christ assistant aux nôces de Cana. Voyez l'oeuvre de *H. Goltzius* Nr. 268.

D'après Raphael Sanzio d'Urbin.

199.

Apollon assis sur le Parnasse au milieu

des Muses et des plus fameux poëtes. *In coetu Aonidum residens* etc. - - *Raphael Vrbyn pinxit. in vaticano. J. Maetham effigiavit et sculp. Romae.*

Largeur : 25 pouces, 6 lign. Hauteur : 15 pouces, 5 lign.

200.

Le portrait de Raphael Sanzio d'Urbin, en buste. *Raphael Sanzius Urbinas Pictor et Architectus ; ad miraculum orbi notissimus hanc sui viventis imaginem manu propria factam - - Cum privil. Sa. Cae. M. J. Matham sculp. et excu.* 1630. *Obiit Aetat. suae An.* 33.

Hauteur : 9 pouces. La marge du bas : 5 lignes. Largeur : 7 pouces, 2 lignes.

D'après Roland Savary.

201.

Un paysage dont le site est un pays rempli de montagnes et de rochers, entre lesquels coule une rivière. On voit sur le devant à gauche trois chasseurs, et plusieurs oiseaux dans l'air. *R. Saveri effigiauit ad viuum in Bohemia. Matham excudit. Cum privil. Sa. Cae. M.tis.*

Hauteur : 18 pouces. Largeur : 14 pouces.

Voyez les pièces dont la gravure est attribuée à J. Matham Nr. 315.

D'après Bartholomé Sprangers.

202.

La Vierge fuiant en Egypte, et y conduisant l'enfant Jésus, et le petit S. Jean Baptiste. *Eripe presenti, custos* etc. -- *B. Spranger Inue. Ja. Matham sculp. et excudit.* -- 1610. *Cum privil. Sa. Cae. M.*

Hauteur : 14 pouces, 7 lignes. La marge du bas : 7 lignes. Largeur : 10 pouces, 10 lignes.

203.

La vestale Tucia portant de l'eau dans un crible, pour donner des preuves de sa virginité. Pièce de deux morceaux collés ensemble. *Illustrissimo Principi Dn. Petro Wock Vrsino* etc. -- *Trux, vage, citat* etc. -- *Bartholomaeus Spranger Inuentor. Jacobus Matham sculptor et excudit. Anno* 1608. -- *Cum privil. Sa. Cae. M.*

Hauteur : 23 pouces, 4 lignes. La marge du bas : 1 pouce, 7 lignes. Largeur : 18 pouces, 2 lignes.

204.

Le triomphe de Neptune et de Thétis accompagnés des Tritons, des Neréïdes

et des autres divinités marines. *Alma Ve-
nus quocunque* etc. - - *B. Spranger Inuentor.
Jac. Matham sculp. et excud.* - - *Cum privil.
Sa. Cae. M.^{tis}.*

Largeur : 14 pouces, 11 lignes. Hauteur : 9 pouces, 6 lignes. La marge du bas : 7 lignes.

D'après Pierre Soutman.
205.

Portrait de Nicolas **Wigger**, théologien
de Harlem. Il est représenté à mi-corps,
priant les mains jointes devant un crucifix. *R. D. M^r. Nicolaus Wiggerius* etc. - -
Occidit heu! Vbijs etc. - - *P. Soutman pinxit.* - - *J. Matham sculpsit.*

Hauteur : 9 pouces. Largeur : 5 pouces, 7 lignes.

D'après Joseph Valeriani.
206.

L'ange Gabriel annonçant à la Vierge le
mistère de l'incarnation. *Grata patri sum-
mo* etc. - - *P. Josephus Valerianus Inuent.
J. Matham sculp.*

Hauteur : 18 pouces. La marge du bas : 1 pouce. Largeur :
13 pouces, 9 lignes.

D'après Titien Vecelli.

207.

La Vierge ayant près d'elle S. François, et entre ses bras l'enfant Jésus à qui S. Jean Baptiste apporte des fleurs; à mi-corps. *Virgo dei genitrix fessae* etc. - - *Titianus Inuent. J. Matham sculp.*

Largeur: 9 pouces, 10 lignes. Hauteur: 6 pouces, 11 lignes. La marge du bas: 4 lignes.

208.

La Vierge accompagnée de S. Cathérine et de S. Jean Baptiste, entre les bras duquel elle remet l'enfant Jésus. *Infans iste, piae* etc. - - *Titianus Inuent.* - - *J. Matham sculp.* A.º 1594. *J. C. Visscher ex.*

Largeur: 10 pouces. Hauteur: 8 pouces. La marge du bas: 7 lignes.

209.

Un enfant jouant du tambour de basque, et ayant à ses pieds un horloge de sable, des fleurs et un serpent, simboles de la rapidité des jours de la vie. *Ut flos irriguis subito* etc. - - *Titianus Inue.* - - *J. Matham sculp.*

Hauteur: 10 pouces. La marge du bas: 6 lignes. Largeur: 8 pouces, 4 lignes.

210.

Vénus accompagnée de l'Amour, de Cérès et de Bacchus, assemblés au pied d'une vigne ; à mi-corps. *Sine Cerere et Baccho friget Vénus. - - Tiziano Inuentor. Jac. Matham sculp. et excudit. - - Cum privil. Sa. Cae. M.*

Largeur : 14 pouces , 3 lignes. Hauteur : 10 pouces , 6 lignes. La marge du bas : 6 lignes.

D'après David Vinkeboons.
211 - 222.

L'histoire de Bacchus. Suite de douze estampes.

Largeur : 4 pouces , 6 à 8 lign. Hauteur : 2 pouces, 8 à 10 lignes.

1) Jupiter emporte le petit Bacchus nouvellement né de Sémélé , pour le garantir contre les suites de la jalousie de Junon. *D. V. B. Inue. J. Matham sculp. - - J. C. Visscher excudit.* Cette adresse est marquée au milieu d'une petite marge du bas.

2) Il est remis par Mercure à la nymphe Nisa , pour être élevé par elle.

3) Il invente le vin.

4) Il tue le monstre Campé.

5) Junon le rend furieux , et le persuade de faire ses voyages dans l'Inde.

6) Il fait le voyage, suivi des Bacchantes armées de thyrses.

7) Erigone excitée par les vents à s'enflammer pour Bacchus.

8) Il est reçu au nombre des Dieux de l'Olympe.

9) Métamorphosé en lion, il aide Jupiter à vaincre les Titans.

10) Son entrée triomphante à Thébes.

11) Il est reçu avec hospitalité par Icarius, qui fut ensuite tué par ses paysans, et placé dans le zodiaque comme Bootés, ainsi que son chien, qui devint le signe de la canicule.

12) Il change en dauphins les pirates de Tyrrhene, qui vouloient l'emmener en Asie.

D'après Jerôme Vranck.

223.

La Vierge et les disciples assemblés dans le sépulcre, pour embaumer le corps de Jésus Christ, et le mettre dans le tombeau. *Adspice Peccator quae* etc. - - *Jeronemus franck inuent. J. Mattham sculp. R. de baud. ex.*

Hauteur : 8 pouces. La marge du bas : 7 lignes. Largeur : 6 pouces, 4 lignes.

D'après Sebastien Francks.

224.

Jésus Christ à Emaüs avec deux de ses disciples. Ce sujet est représenté dans la cour d'une hôtellerie, où, sans avoir aucun égard à la convenance, le peintre a introduit dans son tableau, des gens qui jouent aux cartes, d'autres qui boivent, un garçon d'écurie qui fait abreuver un cheval, et plusieurs autres actions profanes qui n'ont point de rapport avec le sujet principal. *Quale decus veterum* etc.-- *Sebastianus Vrancx Inuentor--J. Maetham sculp. et excud.* 1606. - - *Cum privil. Sa. Cae. M.*

Largeur: 19 pouces, 8 lignes. Hauteur: 14 pouces, 4 lignes. La marge du bas: 6 lignes.

225.

Le mauvais riche donnant un festin somptueux dans un jardin de délices, tandisque Lazare meurt de misère à sa porte. *Cedite Pyramides, et splendida* etc. - - *Sebastianus Vrancx Inue. J. Maetham sculp. et excud. Cum privilegio Sa. Cae. M.*

Largeur: 19 pouces, 3 lignes. Hauteur: 14 pouces, 2 lignes. La marge du bas: 7 lignes.

226.

Cleopatre venant à la rencontre d'Antoine sur un vaisseau richement orné. Composition d'un grand nombre de figures. Grande pièce de trois morceaux collés ensemble. *Antonij et Cleopatrae congressus ad flumen Cydnum - - Cydne pater viden' ut etc. - - Sebastianus Vrancx Inuentor. Ja. Maetham sculptor.*

Largeur : 46 pouces, 4 lignes. Hauteur : 22 pouces, 2 lignes. La marge du bas : 10 lignes.

227.

Les Atlantides portant dans le temple la corbeille secrete dont Minerve leur avoit confié la conservation. *Palladis Actaeae sacrata etc. - - Sebastiano Vrancx Inuentor. J. Maetham sculptor et excud. Cum privil. Sa. Cae. M.*

Largeur : 11 pouces, 7 lignes. Hauteur : 8 pouces. La marge du bas : 9 lignes.

D'après Jean Wildens.

228 - 231.

Quatre estampes qui font partie d'une suite de douze pièces où son représentées les occupations de la campagne pendant le cours des douze mois de l'année, et dont huit ont été gravées par *Henri Hondius* et *André Stock*.

Largeur: 16 pouces. Hauteur: 10 pouces. La marge du bas: 7 lignes.

1) Le mois de février représentant les plaisirs du carneval. *Februarius - - Personata solet Februari - - Joannes Wildens invent. - - Jacobus Matham sculpsit. Hh. ex.*

2) Le mois de Septembre représentant le divertissement de la chasse. *September. - - September nemora et sylvas* etc. *- - Joan. Wildens Invent. Jac. Matham sculp. - - Hh. exc.*

3) Le mois de Novembre représenté par une tempête. *November - - Pleiades, en, turbant* etc. *- - I. Wildens Invent. Jac. Matham sculp. Hh. exc.*

4) Le mois de Decembre représentant des villageois qui tuent des porcs et les préparent pour être salés. *December. - - Finis adest, venit* etc. *- - J. Wild. invent. J. Matham sculp. Hh. exc.*

D'après Frédéric Zucchero.

232.

Les mages adorant Jésus Christ, et lui

c offrant des présens. *Reges Eoi visunt cu-
nabula etc. - - Fredericus Zucchero Inuent.
J. Matham sculp.*

Hauteur : 21 pouces. La marge du bas : 7 lignes. Largeur : 14 pouces , 6 lignes.

233.

Jésus Christ ressuscitant le fils unique de la veuve de Naïm. *Moerentis viduae So-lomen etc. - - Federicus Zuccarus Inuent. Ja-cobus Mathamius sculp.* Cette planche est ceintrée par le haut.

Hauteur : 18 pouces. La marge du bas : 6 lignes. Lar-geur : 10 pouces , 4 lignes.

234.

La Vierge assise sur un trône environ-né de S. Catherine , de S. Luce, de S. Fran-çois et de Chrétiens de différens ordres , qui implorent à genoux sa protection. *Tu coeli , maris et terrae regina etc. - - Federi-cus Zuccarus Inuentor. - - Jac. Maethamius sculptor et excud. - - Cum privil. Sa. Cae M.*

Hauteur : 13 pouces, 1 ligne. La marge du bas : 8 lignes. Largeur : 8 pouces.

D'après Thadée Zucchero.

235.

Jésus Christ nouvellement né , adoré

par les bergers. *Promissis nobis hic* etc. — —
Taddeo Zucchero Inuent. J. Matham sculp.

Hauteur : 21 pouces. La marge du bas : 7 lignes. Largeur :
14 pouces, 6 lignes.

236.

Jésus Christ honorant de sa présence
les nôces de Cana. *Nuptiae in Cana Ga-
lileae. — — Taddeo Zucchero inu. J. Mattham
sculp. Joannes Janssonius excudit* 1617.

Largeur : 14 pouces, 9 lign. Hauteur : 10 pouces, 10 lign.

237.

Jésus Christ lavant les pieds de ses apôtres la veille de sa passion. *Lavatio pe-
dum. Johann.* 13. — — *Tadeo Zucchero inu. J.
Mattham sculp. Joannes Janssonius excudit.* 1617.

Même dimension que la pièce précédente.

238.

La prière de Jésus Christ dans le jar-
din des olives. *Evigilate viri, quid* etc. — —
*TaddeoZucchero inuent. Jac.Mattham sculp.
Joan. Jansson. exc.* 1615. Planche exagone.

Largeur : 13 pouces, 2 lignes. Hauteur : 10 pouces, 9 lignes. La marge du bas : 5 lignes.

239.

La S. Vierge montant au ciel, en présence des apôtres : *Vt placido moriens* etc. — —

Taddeo Zucchero Inuentor Roma. - - Jac. Matham sculptor et excud. 1611 *- - Cum privil. Sa. Cae. M.*

Hauteur : 18 pouces, 7 lignes. La marge du bas : 13 lignes. Largeur : 13 pouces, 5 lignes.

III. ESTAMPES DONT LA GRAVURE EST ATTRIBUÉE A JACQUES MATHAM, ET CELLES QUI ONT ÉTÉ GRAVÉES PAR DES ANONYMES SOUS SA DIRECTION.

D'après les dessins de Henri Goltzius.

a. *Sujets pieux.*

240-244.

Les plus illustres prophètes de l'ancien testament. Suite de cinq estampes.

Hauteur : 8 pouces, 7 lignes. La marge du bas : 6 lignes. Largeur : 6 pouces.

1) David. *Exortem labis vates* etc. - - *IG excud.* A⁰. 89.

2) Isaïe. *Isaias, quae et quanta* etc.

3) Jérémie. *Dura Anathothites Salomae* etc.

4) Ezéchiel. *Corpora de terris* etc.

5) Daniel. *Quae Daniel signat* etc.

III. Vol.   N

245 - 247.

Les prophètesses de l'ancien testament.
Suite de trois estampes.

Même grandeur que les pièces précédentes.

1) Débora. *Foemineae Sisaram periturum*
etc. - - *HG oltzius Inuent.* A°. 1588.
2) Holda. *Fatidici vates secreta* etc.
3) Anne. *Mens Christum sensit* etc.

248 - 250.

Les femmes de quelques uns des pa-
triarches de l'ancien testament, représentées à mi-corps. Suite de trois estampes.

Hauteur : 7 pouces , 6 lignes. La marge du bas : 7 lignes.
Largeur : 5 pouces , 10 lignes.

1) Sara, femme d'Abraham. *Effoeto ste-
rilis quanvis* etc. - - *HG Inuentor.*
2) Rebecca, femme d'Isaac. *Morigeram
dum se* etc. - - *HG Inuentor.*
3) Lia et Rachel, femmes de Jacob. *Pro-
diit ex nobis* etc. - - *HG Inuentor.*

251 - 254.

Les quatre principaux héros et héroïnes de l'ancien testament. Suite de quatre
planches ceintrées par le haut.

Hauteur : 9 pouces , 5 lignes. La marge du bas : 6 lignes.
Largeur : 6 pouces.

1) Jahel. *Tranfigens Sisarae clauo* etc. - - *HG excud.*

2) Samson. *Quae tua vis Sumson* etc.

3) David. *Dauid Getthaeum strauit* etc.

4) Judith. *Aspice, quid potuit* etc. - - *HG excud.*

Les épreuves postérieures portent cette adresse : *J. C. Visscher ex.*, marquée sur la première pièce, à côté du chiffre de *Goltzius.*

255.

Jésus Christ s'entretenant près d'un puits avec la Samaritaine. *Poscit aquam sitiens* etc. - - *HGoltzius inventor* A⁰. 1589. *J. C. Visscher excu.*

Hauteur : 9 pouces, 1 ligne. La marge du bas : 4 lignes. Largeur : 7 pouces, 3 lignes.

256.

La Vierge assise au pied d'un arbre, près de S. Joseph, de sainte Elisabeth et de S. Jean Baptiste qui adore l'enfant Jésus qu'elle tient sur ses genoux. Planche ronde. *HGoltzius inue. Maetham ex.*

Diamètre : 12 pouces, 11 lignes.

257.

La Vierge se reposant dans le voyage d'Egypte, et ayant entre ses bras l'enfant

Jésus, pendant què S. Joseph. plus loin, ôte le bât de dessus l'âne. *Herodem fugiens trepida* etc. - - *H̄oltzius Inuent.* A°. 1589.

Hauteur : 7 pouces, 3 lignes. La margé du bas : 5 lignes. Largeur : 5 pouces, 9 lignes.

~~158.~~ 258.

Autre repos en Egypte. La Vierge y est représentée assise dans un paysage, et donnant le sein à l'enfant Jésus. *En timet Herodem* etc. - - *H̄oltzius Inuent.* A°. 1589.

Hauteur : 7 pouces, 2 lignes. La marge du bas : 5 lignes. Largeur : 5 pouces : 9 lignes.

259.

La Vierge ayant dans ses bras l'enfant Jésus qui tient une fleur de la main droite, et semble donner la bénédiction de l'autre. La Vierge est représentée à mi-corps sur un croissant. *H̄oltzius Inue. Cum privil. Sa. Cae. M^{tis.} - - Jac. Matham excud.* Cette pièce qui est d'une taille très médiocre, paroît être des commencemens de *J. Matham.*

Hauteur : 11 pouces, 4 lignes. Largeur : 7 pouces, 10 lignes.

260.

L'enfant Jésus bénissant le globe de la terre qu'il tient entre ses mains. *Hic puer in terram* etc. -- *Goltzius Inuent.* A°. 1597. *Cum privil. Sa. Cae. M.*

Hauteur : 5 pouces, 5 lignes. La marge du bas : 7 lignes. Largeur : 5 pouces, 2 lignes.

On a trois épreuves de ce morceau. Les premières sont sans aucune adresse. Les secondes portent cette adresse : *Clemendt de Jonghe excudit;* et les dernières qui sont les plus mauvaises, sont marquées : *G. Valck ex.*

261.

S. Cécile jouant de l'orgue, et chantant les louanges de Dieu, à mi-corps. *Cecilia ardenti dum* etc. - - *Goltzius Inuent.*

Hauteur : 6 pouces , 1 ligne. La marge du bas : 5 lignes. Largeur : 5 pouces , 4 lignes.

262.

S. Madeleine dans la solitude , pleurant ses péchés. *En ego deploro* etc. - - *G Inuent.*

Hauteur : 6 pouces , 10 lignes. La marge du bas : 4 lignes. Largeur : 5 pouces , 2 lignes.

Les épreuves postérieures portent cette adresse : *J. goltzius excu.*

On a de ce morceau une copie gravée d'une taille fine, dans la manière des *Wierix.* Elle est faite par un anonyme, en contre-partie de la pièce précédente, c'est-à-

dire, la Sainte y est représentée tenant le
crucifix de la main droite. En outre, le copiste a entouré la tête de la Madeleine d'une
auréole, et il a ajouté une verge qui se voit
près de la pierre sur le devant. *Deliciis
assueta prius* etc. -- *Henr. Goltzius inuent.*

Hauteur : 7 pouces. La marge du bas : 6 lignes. Largeur :
5 pouces, 6 lignes.

263.

S. Madeleine, vue de profil, fixant son
regard sur un crucifix qui est attaché à un
tronc d'arbre ; à mi-corps. *Magdalena.* --
HGoltzius Inuentor. Jac. Matham excud. --
Cum privil. Sa. Cae. M.

Hauteur : 10 pouces, 6 lign. Largeur : 7 pouces, 10 lign.

b. *Allégories.*

264 - 270.

Les sept vertus et les sept péchés ca-
pitaux, représentées par des femmes qui
en tiennent les attributs. Deux suites de
sept estampes.

Hauteur : 7 pouces, 6 lignes. La marge du bas : 4 lignes.
Largeur : 5 pouces, 3 lignes.

1) La foi. *Sancta fides veneranda* etc. --
   HGoltzius inue. et excud.

2) L'espérance. *Solamen spes alma* etc.

3) La charité. *Omnia Dia Agape* etc.

4) La justice. *Cuique suum iusto* etc.

5) La prudence. *Praeteritis ventura, bi-frons* etc.

6) La force. *Fortis in aduersis* etc.

7) La tempérance. *Temperies rerum, Veneris* etc.

271 - 277.

1) L'orgueil. *Exerata deis hominique* etc. *HGoltzius inue. et ex.*

2) La gourmandise. *Lauta gula facies* etc.

3) L'impureté. *Omnia peruertit Veneris* etc.

4) La colère. *Jam ferox, ratione* etc.

5) L'envie. *Inuidia, atra lues* etc.

6) L'avarice. *Perdita auarities, corrasis* etc.

7) La paresse. *Segnities enorme malum* etc.

On a de la première suite de ces pièces, qui représentent les vertus, des copies faites par un anonyme; mais elles sont très inférieures aux pièces originales. On les connoît en ce que Nr. 1. porte cette inscription: *HGoltzius inuentor.* Les mots: *et excud.* ne s'y trouvent pas.

D'autres copies de cette première suite, ainsi que de la seconde, ont été gravées par un autre anonyme de très peu de mérite. La première pièce est marquée: *HGoltius inuent. - - J. C. Visscher excud.* Elles sont plus petites, et ne portent que 5 pouces, 2 lignes de hauteur, sur 3 pouces, 5 lignes de largeur.

c. Sujets fabuleux.

278 - 285.

Divers sujets de mythologie. Suite de huit estampes.

Hauteur : 10 pouces, 8 lignes. La marge du bas : 4 lignes.

Largeur : 7 pouces, 8 lignes.

1) Les quatre élémens. *Sub coelo pater omnipotens* etc. - - *IG oltzius jnue. J. C. Visscher excud.* A°. 1588.

2) Les cinq sens. *Omnia percipiunt sensus* etc. - - *IG Inuent.*

3) L'alliance de Vénus avec Bacchus et Cérès. *Alma Ceres, Venus alma* etc. - - *IG Inuent.*

4) Celle de Pallas et de Mercure. *Haec patris e cerebro* etc. - - *IG in, excud. J. C. V.*

5) Les sept vertus. *Sola beat virtus* etc. - - *IG Inuent.*

6) L'amour mutuel figuré par Eros et Anteros. *Omnia conservant Eros* etc. - - *IG Inuent.*

7) Les trois Parques. *Cuncta penes Parcas* etc. - - *IG Inuent.*

8) Les trois Graces. *Cum nudae Chari-
   tes* etc. - - *HG Inuent.*

286 - 293.

Plusieurs divinités de la fable. Suite de
huit estampes.

Hauteur : 6 pouces, 6 lign. Largeur : 4 pouces, 2 à 3 lign.

Si ces estampes sont de la main de *J.
Matham*, il doit les avoir faites dans sa
jeunesse. Elles pourroient bien être les
productions de quelqu'un de ses élèves.

1) Vertumnus et Pomone. *HG Inuentor.
   J. Matham excud.*

2) Hercules et Omphale. *HG Inue. J. Matham excu.*

3) Une nymphe assise sur une butte,
   ayant un grand chien de chasse à ses
   pieds. *HG Inucn. Matham excu.*

4) Diane. *HG Inue. Matham excu.*

5) Une nymphe assise sur une butte,
   tenant un vase, et ayant un lévrier à
   ses pieds. Un carquois rempli de flèches est appuyé contre la butte *HG In.
   J. Matham excud.*

6) Adonis. *HG Inue. J. Matham excud.*

7) Une nymphe (peut-être Syrinx) assise dans une grotte. A ses pieds est
   la flûte de Pan, à laquelle on donna

le nom de Syrinx ; et vers le fond on apperçoit une chèvre. *HG Inue. - - R. Hoeye Ex.*

8) Autre nymphe assise sur une buttte, tenant une flèche à la main, et ayant un grand chien à ses pieds. *HG Inue. Matham excud.*

294-296.

Minerve, Vénus et Junon, représentées sur des nues, avec les attributs qui les caractérisent. Suite de trois estampes de forme octogone, gravées d'une manière qui approche de celle qui étoit particulière à *J. Matham* dans ses premiers commencemens.

Hauteur : 7 pouces, 7 lignes. Largeur : 5 pouces, 8 lignes.

1) Minerve. *Debetis nobis Musae* etc. -- *HG Intnt et excu.*

2) Vénus. *Illa venustatis mater* etc.

3) Junon. *Magna Jouis coniux* etc.

297.

Vénus caressant son fils, et lui ordonnant de percer de ses traits le coeur de l'insensible Pluton. *Flammiferis feriat stygium* etc. -- *HG Inuentor. J. C. Visscher excu.*

Largeur : 9 pouces, 3 lignes. Hauteur : 6 pouces, 8 lignes. La marge du bas : 7 lignes.

298.

Le dieu Mars, vu par le dos et tirant son sabre. Il est debout sur des nues, et on voit un loup à ses pieds. *HGoltzius Inuentor. Jac. Matham excud. Cum privil. Sa. Cae. Mᵗⁱˢ·* Planche ovale.

Diamètre de la hauteur : 12 pouces, 10 lignes; celui de la largeur : 9 pouces, 9 lignes.

299.

Vénus debout sur des nuages, ayant sa main droite appuyée sur sa hanche, et portant l'autre sur la tète de l'Amour qui est près d'elle. *HGoltzius Inue. Jac. Matham excud. Cum privil. Sa. Cae Mᵗⁱˢ·* Ce morceau qui fait le pendant du précédent, est pareillement gravé sur une planche ovale.

3oo.

Les Parques filant la vie des hommes. *Tempora mortalem tacite -- HG inuen. et excud. A°* 1587. Planche ronde.

Diamètre : 12 pouces. Bordure marginale : 3 lignes.

d. *Différens autres sujets.*

3o1.

Un paysan qui, en sarclant les mauvaises herbes de son jardin, semble dire à un autre paysan le proverbe: *chacun doit se mêler de ses affaires, et non pas de*

celles d'autrui. - - Arua malae quicquam etc.
- - HG excud.

Hauteur : 9 pouces , 1 ligne. La marge du bas : 4 lignes.
Largeur : 7 pouces, 3 lignes.

302.

Une jeune femme préferant l'amour d'un homme de son âge aux richesses qu'un vieillard amoureux d'elle lui offre. *Ne contemne senem* etc. - - *HGoltzius Inuent.*

Largeur : 10 pouces. Hauteur : 7 pouces , 5 lignes. La marge du bas : 6 lignes.

.303.

Le pendant du morceau précédent, représentant un jeune homme qui s'attache à une jeune femme , en refusant l'argent qu'une vieille lui offre pour prix de son amour. *Me cum magnifica* etc. - - *HGoltzius Inuent.*

304 - 306.

Différens paysages. Suite de quatre estampes gravées à l'eau-forte.

Le premier est gravé par *Gauw* (Voyez l'oeuvre de Goltzius).

2) Vue de l'ancien château de Brederode près de Harlem. *Arnulphus comes Hollandiae* etc. - - *I. M. excud. Cum privil.*

Largeur : 12 pouces. Hauteur : 8 pouces. La marge du bas : 9 lignes.

3) Vue d'une large rivière qui serpente dans le lointain au milieu de ses deux bords qui sont ornés de fabriques. On voit sur le devant à gauche quelques hommes occupés à pêcher au filet. *I. M. excud. Cum priuil.*

Largeur : 11 pouces, 10 lignes. Hauteur : 7 pouces, 10 lignes. La marge du bas : 3 lignes.

4) Un pays montueux, couvert de bois et coupé au milieu par une petite rivière qui est traversée par un pont à trois arches. On voit vers le haut de la droite une chasse au cerf. *I. M. excud. Cum priuil.*

Largeur : 12 pouces, 3 lign. Hauteur : 8 pouces, 1 lign.

307.

Paysage où l'on remarque des bergers qui regardent avec étonnement Icare et Dédale volant dans les airs. Gravé à l'eau-forte et retouché au burin. *Goltzius Inuentor. - - Matham excud. Cum privil. Sa. Cae. M.tis.*

Hauteur : 16 pouces. Largeur : 13 pouces.

D'après les dessins de différens autres maîtres.

308.

Moyse frappant le rocher, et faisant sortir de l'eau pour désaltérer le peuple d'Is-

rael. D'après *Gilles Coignet. E. Congiet Inue.
J. Matham excud. Cum priuil. Sa. Cae. M.*

Largeur : 11 pouces, 10 lignes. Hauteur : 9 pouces , 6 lignes. La marge du bas : 3 lignes.

309.

Les bergers adorant l'enfant Jésus qui vient de naître ; gravé au burin par un anonyme de peu de mérite, sous la direction de *Jacques Matham* d'après le tableau de *Paul Veronese* qui se trouve à Venise. *Coelitus admoniti Christi* etc. - - *P. Veronees pinxit venetie. Matham excud. A*°. 1621.

Hauteur : 10 pouces, 7 lignes. La marge du bas : 7 lignes. Largeur : 8 pouces , 6 lignes.

310.

Jésus Christ rencontré par les saintes femmes, sur le chemin du calvaire où il porte sa croix pour y être crucifié. Ce morceau , fait d'après *Christoph Schwarz*, est d'un dessin peu correct, et assez mal gravé. S'il est de *J. Matham* même , il est une de ses premières productions. *Huc oculos, si qua* etc. - - *Christoff Swartz Inue. J. Maetham excud. Cum privil. Sa. Cae. M.*

Largeur : 18 pouces , 3 lignes. Hauteur : 12 pouces , 2 lignes. La marge du bas : 5 lignes.

311.

Neptune dieu de la mer, porté sur les eaux par deux dauphins. D'après *Corneille Cornelis. Saturno genitus, domitor* etc. -- *C. Cornelij Haerlem. inne.*

Hauteur : 11 pouces , 11 lignes. La marge du bas : 6 lignes.

Largeur : 7 pouces , 9 lignes.

312.

La chûte de Phaëton sur les bords du Po, représentée dans une espèce de tableau environné de toutes parts d'ornemens d'architecture, où sont disposés des sujets de la fable et des figures allégoriques qui expriment les vertus d'un personnage de la maison de Savoye, en l'honneur duquel cette pièce a été gravée. Il paroît par la disposition des cartouches qui s'y rencontrent, qu'elle a du servir à une thèse, et il y a apparence que c'est en Italie qu'elle a été gravée par *J. Matham* d'après un peintre médiocre dont on ignore le nom. Très grande pièce de huit morceaux collés ensemble.

Hauteur : 35 pouces , 6 lign. Largeur : 28 pouces , 8 lign.

313.

L'apologue du lion qui recouvre sa liberté par l'assistance d'une souris qui vient à bout de ronger la corde dont il étoit retenu. *Hoe hoog of groot* etc. -- *J. Matham excudit.* Si cette pièce n'est pas gravée par *J. Matham*, elle l'a du moins été sous sa direction.

Hauteur: 7 pouces, 11 lign. Largeur: 6 pouces, 1 lign.

314.

La sortie des femmes de Weinsberg qui emportent leurs maris, conformement à la permission de l'Empereur Conrad III. qui, assiegeant cette ville, leur avoit accordé d'emporter ce qui leur tiendroit le plus au coeur. D'après *Sebastien Vrancx. Se. vrancx Inu. -- Matham excud.*

Largeur: 10 pouces, 5 lignes. Hauteur: 6 pouces, 9 lignes. La marge du bas: 3 lignes.

315.

Un paysage représentant une grande masse de rochers escarpés, au bas desquels, sur le devant à gauche, s'élevent quelques pins. On voit un gueux demandant l'aumône à un homme de condition qui est assis à côté d'une jeune femme, près d'une petite cascade. Ce morceau paroît avoir été gravé par *J. Matham.* Il fait le pendant du paysage d'après *Savary*, décrit ci-dessus (au Nr. 201.) et l'on ne doute pas qu'il ne soit aussi d'après un dessin de ce même artiste. Il en a la même dimension.

IV. ESTAMPES GRAVÉES PAR DIFFÉRENS

GRAVEURS CONTEMPORAINS DE JACQUES MATHAM,

D'APRÈS LES DESSINS DE CE MAITRE.

Par C. Boel.

I.

S. Catherine à mi-corps, ayant ses deux mains appuyées sur la roue de son martyre. *S. Catharina. - - Pro Christi et Coeli* etc. - - *J. Maetham Inu. et excud. C. Boel scul. - - Cum privil. Sa. Cae. M.*

Hauteur : 6 pouces, 10 lignes. La marge du bas : 8 lignes. Largeur : 5 pouces, 3 lignes.

Par Claes ou Nicolas Braeu.

1 - 4.

Les quatre héros et héroïnes de l'ancien testament, représentés debout chacun dans un ovale entouré d'un feston de laurier. Suite de quatre estampes.

Hauteur : 5 pouces, 5 à 6 lignes. La marge du bas : 6 lignes. Largeur : 3 pouces, 9 lignes.

1) Judith. *Juditha.* -- *J. Maetham Inue. et excu. C. Braeu sculp.*

2) Samson. *Samson.*

3) David. *David.*

4) Jahel. *Jael.*

5.

Susanne au bain, priant les mains éle-vées. *Quo veteratores ruitis* etc. -- *J. M. Inue. et excud. N. B. sculp.*

Hauteur : 7 pouces, 6 lignes. La marge du bas : 8 lignes. Largeur : 6 pouces, 3 lignes.

6.

S. Madeleine priant dans le désert, et y arrosant de ses larmes un crucifix ; à mi-corps. *Hunc singularis in Deum* etc. -- *J. Maetham Inue. et excud. N. Braeu sculp.*

Hauteur : 7 pouces, 6 lignes. La marge du bas : 7 lignes. Largeur : 6 pouces, 1 ligne.

7-9.

La foi, l'espérance et la charité, repré-sentées par des femmes qui en portent les attributs, et qui sont placées chacune dans une niche. Suite de trois estampes.

Hauteur : 8 pouces, 6 lignes. Largeur : 4 pouces, 9 lignes.

1) La foi. *Fides.* -- *J. Math. Inu.* -- *C. Brau scul.*

2) L'espérance. *Spes. -- Math. Inu.*

3) La charité. *Charitas. -- Math. Inu.*

Par Gibert van Breen.

1.

Un jeune homme assis près d'une jeune demoiselle dont il est amoureux, tandisque l'Amour prépare un breuvage pour les deux amans. *Aliger incauto quae* etc. -- *Maetham Inuentor. G. V. Breen schulpt. et excude.* Pièce mal dessinée et gravée.

Largeur : 7 pouces, 8 lignes. Hauteur : 5 pouces, 9 lignes. La marge du bas : 6 lignes.

Par G. Gauw.

1.

S. Pierre en buste. *S. Petrus -- J. Matham Inuentor. G. Gauw sculp. Abraham Goos exc.*

Hauteur : 17 pouces, 4 lignes. Largeur : 13 pouces.

2.

S. Paul; de même en buste. *S. Paulus -- J. Matham Inuent. G. Gauw sculp. Abraham Goos exc.*

Ce morceau fait le pendant du précédent, et en a la même dimension. L'un et l'autre est exécuté d'un burin maigre et sec, conduit sans goût, ce qui les rend

d'autant plus désagréables que la proportion des formes y excède les bornes d'un
ouvrage au burin, qui n'est guère propre
qu'à des sujets fort au dessous de la grandeur naturelle.

3.

Mercure, en buste. *Mercurius. - - J. Matham Inuent. G. Gauw sculp. J. Starterus
excud.*

Hauteur: 16 pouces, 6 lignes. Largeur: 11 pouces,
7 lignes.

Ce que nous venons d'observer à l'égard
du burin des deux pièces précédentes, nous
le rapportons également à celle-ci. Il y re-
gne la même sécheresse, et la grandeur
des formes y est tout aussi choquante.

Par J. van Sichem.

1.

Jeune homme en buste, ayant la tête
couverte d'une espèce de petit turban,
orné de plumes et de fourrure, et tenant
un rouleau de papier de la main gauche.
Ce morceau est gravé en bois. *J. Matham
In. C. V. Sichem scalps.* 1613.

Hauteur: 11 pouces, 9 lignes. Largeur: 8 pouces,
1 ligne.

Par W. Swanenburg.

1.

Portrait en buste de Guillaume duc de Cleves, de Juliers et de Berghes. -- *Illustriss. Princ. Gulielmus* etc. - - *In deo spes mea - - Natus a.* 1516. etc. -- *J. Mathan pinxit. -- W. Swaneburg sculp.* 1610.

Hauteur : 9 pouces, 7 lignes. La marge du bas : 4 lignes. Largeur : 7 pouces, 3 lignes.

2.

Celui de Jean Guillaume duc de Cleves etc. *Illustriss. Princ. Johan Gulielmus* etc. *-- In deo refugium meum - - Natus a.* 1562 etc. - - *J. Mathan pinxit. -- W. Swaneburg sculp.* 1610. *-- Jacobus Marci divulgavit.*

Même dimension que la pièce précédente.

JEAN SAENREDAM.

Jean Saenredam fut d'abord élève de *Jacques de Gheyn*, et ensuite de *Henri Goltzius* dont il a imité la manière. Il y reussit à un tel point que souvent ses gravures passent pour être de son maître, quoiqu'elles ne soient faites qu'après ses dessins : par exemple les numèros 53-55, 62-64, 65-67 etc. etc. qui tous gravés d'après des dessins de *Goltzius*, lui sont aussi attribués très souvent pour la gravure.

Nous n'avons jamais vu que cent vingt trois pièces de cet artiste. Il y en a douze qu'il a gravées d'après ses propres inventions, et qui nous le font connoître comme un dessinateur ferme et savant.

Saenredam est mort en 1607, c'est-à-dire, dix ans avant *Goltzius*, ce qui peut faire croire qu'il n'a pas atteint un âge très avancé. Aussi les dates les plus anciennes de ses estampes ne sont point antérieures à l'année 1593, et il n'est pas vraisemblable qu'il ait gravé avant cette époque toutes celles qui ne portent point de date, vu qu'elles decèlent la main la plus sùre et la pratique la plus consommée.

OEUVRE

DE JEAN SAENREDAM.

I. PIÈCES GRAVÉES D'APRÈS SES PROPRES DESSINS.

1.

Susanne au bain, surprise par deux vieillards. Les figures sont à mi-corps. Planche ovale. *J. Saenredam fe.*

Hauteur : 3 pouces. Largeur : 2 pouces, 2 lignes.

2 - 6.

La parabole des cinq Vierges sages et des cinq Vierges folles. Suite de cinq estampes.

Largeur : 13 pouces, 6 à 7 lignes. Hauteur : 9 pouces, 1 à 2 lignes. La marge du bas : 7 lignes.

1) Les vierges sages s'occupent à la lecture de l'écriture sainte, et à méditer sur la loi de Dieu. *Vivendi recte, sapere est* etc. - - *Joan. Saenredam inue. sculp. et excudebat.* -- A°. 1606.

2) Les autres faisant au contraire leur seule occupation de la danse et des plaisirs du siècle. *Exultant fatuae lasciuo* etc. -- *J. Saenredam fe.*

3) Les sages se préparant pour les nôces solemnelles où elles sont invitées. *Nox erat, et gelido* etc. - - *J. Saenredam fecit.* Ce nom est écrit vers le milieu du haut de la planche.

4) Elles s'y rendent avec leurs lampes allumées, et elles y sont reçues par l'époux. *Nocte fere media* etc. - - *J. Saenredam fe.* A°. 1605.

5) Les vierges folles sont rejettées, pour avoir negligé de se rendre aux nôces à l'heure marquée. *Tum quibus invidit etc.* - - *J. Saenredam fe.*

Les épreuves postérieures des ces cinq pièces portent cette adresse: *Joannes Jansonius excud.*, marquée sur la première pièce.

7.

Lycurgue, pour faire comprendre aux Lacédémoniens ce que peut sur les hommes la bonne ou la mauvaise éducation, leur propose l'exemple de deux chiens de même race, dont l'un, dressé à la chasse, poursuit un lièvre, pendant que l'autre, nourri à la maison, s'arrête à la nourriture qu'on lui a présentée. *En Lacedaemonius legislator* etc. - - *J. Saenredam fecit* 1596.

Largeur : 10 pouces. Hauteur : 7 pouces, 6 lignes. La marge du bas : 5 lignes.

8.

Des jeunes gens méprisant les avis d'un philosophe qui leur parle de la fenêtre de son cabinet, et leur conseille de fuir surtout les danses, dont les suites sont le plus souvent criminelles. Pièce emblématique. *Ingentes poenas stolidi* etc. -- *Joannes Saenredam fecit.* A°. 1596.

Largeur : 14 pouces, 6 lignes. Hauteur : 10 pouces, 6 lignes. La marge du bas : 7 lignes.

9.

Pièce emblématique au sujet des victoires ramportées sur les Espagnols, par les états des provinces unies, sous la conduite du prince Maurice de Nassau, à la fin du seizième siècle. Le lion, symbole de ces provinces, y paroît dans un char de triomphe, conduit par la victoire et la concorde, et précédé par la renommé. On voit au devant l'Amirante Mendoza et les autres prisonniers Espagnols qui accompagnent avec chagrin le convoi de leur grandeur passée. *Scintillantem auro currum* etc. -- *J. Saenredam fecit -- Deo vindict Mauritio --- dicat Hermannus Alardi. Anno* 1600. Dans la marge du haut est écrit : *Elenchus rerum Deo auspice* etc.

Largeur : 20 pouces. Hauteur : 12 pouces , 7 lignes. La marge du bas : 2 pouces , 5 lignes. Celle d'en haut : 3 lignes.

10.

Autre pièce emblématique sur l'état florissant des provinces unies en l'année 1602. Les conquêtes du prince Maurice de Nassau sur les Espagnols y sont figurées par une chasse dont ce prince revient, accompagné de ses généraux, et conduisant avec lui un riche butin qu'il fait offrir par la victoire à une femme magnifiquement parée, qui, sous un chêne épais, environnée des arts et des sciences, représente l'état des provinces unies. *Emblema hodierni rerum status in Belgica foederata. -- Virgo augusta, vivida* etc. -- *J. Saenredam Inue. et sculp. -- Amstelodami Excudebat Hermannus Alardj. Anno a Christo nato* CIↃ.IↃ.C.II.

Largeur : 20 pouces, 8 lignes. Hauteur : 15 pouces. La marge du bas : 9 lignes.

11.

Le comte Ernest de Nassau et une infinité de peuple arrivant sur les côtes de Benervic, pour y considérer l'énorme baleine, longue de soixante pieds, qui vint y échouer en l'année 1601, ce qui joint à un tremblement de terre, à des éclipses de soleil et de lune, qui arrivèrent presque dans le même tems, sembloient présager quelque chose de sinistre à la Hollande, et c'est la raison pour laquelle le peintre a représenté dans son sujet la fortune de cet état, renversée par la mort qui la perce de ses traits. *Africus infestum, glomerato* etc. - - *Illustri generoso Ernesto - - - D. D. D. J. Saenredam - - Joannes Saenredam inue. et sculptor* A? 1602.

Largeur : 21 pouces, 10 lignes. Hauteur : 14 pouces, 5 lignes. La marge du bas : 8 lignes.

Les épreuves postérieures de ce morceau portent cette adresse : *Amstelodami Joannes Janssonius excudit* A? 1618.

12.

Maurice de Nassau, représenté debout, armé de toutes pièces, tenant de la main droite le bâton de commandement, et soutenant de l'autre l'écusson de ses armes. Le fond présente la vue de son armée rangée en différens corps sur le bord de la mer, où l'on voit une flotte nombreuse. Tout ce tableau est renfermé dans un ovale, accompagné de trophées qui remplissent les quatre coins. *Mauritio quam sit mens* etc. -- *Belgiadae proceres cum* etc. -- *J. Sanredam sculp. Cum privilegio.*

Largeur : 17 pouces. Hauteur : 12 pouces, 7 lignes. La marge du bas : 4 lignes.

On a de ce morceau deux épreuves différentes. La première représente le prince Maurice moins âgé. La barbe qu'il a au menton, se termine en pointe, et ne depasse pas la fraise qu'il a autour du cou. Son oreille droite est entièrement découverte.

La seconde offre le portrait de ce même prince plus avancé en âge. La barbe du menton a une forme ronde par le bas, et elle est si longue qu'elle dépasse la fraise du cou. En outre les cheveux couvrent plus de la moitié de son oreille droite.

II. PIÈCES GRAVÉES D'APRÈS LES DESSINS DE DIFFÉRENS MAITRES.

D'après Abraham Bloemaert.

13 - 18.

L'histoire d'Adam. Suite de six estampes.

Hauteur : 9 pouces, 6 à 7 lignes. La marge du bas : 6 à 7 lignes. Largeur : 7 pouces, 1 à 2 lignes.

1) Adam donnant des noms à tous les animaux. *Cum sator aeterna* etc. - - *Abrahamus Bloemaert inue. Joan. Saenredam sculp. et excudebat* A°. 1604.

2) Adam et Eve se promenant dans le paradis terrestre. *Jusserat auricomo nemus* etc. - - *A. Bloemaert inue. J. Saenredam sculp.*

3) Eve se laissant séduire par le démon, et présentant à son mari le fruit défendu. *Ambitiosa fames, velitique* etc. - - *A. Bloemaert inue. J. Saenredam sculp.*

4) Adam et Eve chassés du paradis terrestre après leur désobéissance. *Reddita lux oculis* etc. - - *A. Bloemaert inuen. J. Saenredam sculp.*

5) Adam assujetti au travail. *Horrida jam dumis* etc. - - *A. Bloemaert in. J. Saenredam sculp.*

6) Adam et Eve pleurant la mort d'Abel. *Horna fruge Cain* etc. - - *A. Bloemaert inue. J. Saenredam sculp.*

19.

Le prophète Elie arrivant chez la veuve de Sarepta, qu'il trouve occupée à ramasser des morceaux de bois. *Coelitus edocta qui* etc. - - *Abraham Bloemaert inuentor. J. Saenredam sculp.* 1604 *et excudebat.*

Hauteur : 15 pouces, 8 lignes. La marge du bas : 8 lignes. Largeur : 11 pouces, 8 lignes.

20 - 23.

Quatre sujets de l'histoire des prophètes Ahias et Elie. Suite de quatre estampes.

Hauteur : 9 pouces, 5 lignes. La marge du bas : 6 lignes. Largeur : 7 pouces, 2 lignes.

1) Le prophète Ahias coupant son manteau en douze morceaux et en donnant dix à Jéroboam, pour signifier qu'il devoit un jour regner sur dix des tribus d'Israel. *Veste novus, fastuque* etc. -- *Abrahamus Bloemaert inuen. Joannes Saenredam sculp. et excu.* 1604.

2) Ce même prophète prédisant, que ceux

de la famille de Jéroboam qui mourroient dans la ville, seroient mangés par
les chiens, et ceux qui mourroient à la
campagne, seroient mangés par les oiseaux du ciel. *Devius a recto iam* etc.--
A. Bloemaert inue. J. Saenredam sculp.

3) Elie nourri dans le désert par deux cor-
beaux. *Jusserat irriguas Carithi* etc.--
*Abraham Bloemaert inuen. Joan. Saen-
redam sculp. et excudebat.* A°. 1604.

4) Elisée recevant le manteau d'Elie qui
est enlevé au ciel dans un chariot de feu.
Helias, huic juxta comes etc.-- *Abraham
Bloemaert inuen. J. Saenredam sculp.*

On a de ce morceau des premières épreuves, où au lieu du Nr. 4, placé après le
mot *sculp.*, il y a un 2.

24.

Les anges annonçant aux bergers la naissance de Jésus Christ. *Dum vigiles ovium
pastores* etc.- - *Abrahamus Bloemaert Inven. J. Saenredam sculp.* etc.- - 1599.

Hauteur : 18 pouces, 6 lignes. La marge du bas : 2 pouces.
Largeur : 14 pouces, 6 lignes.

25.

L'enfant prodigue reduit à la pauvreté.
se présentant à un fermier qui lui ordonne

d'aller garder ses pourceaux. *Qui modo de-
litijs* etc. - - *A. Bloemaert inue.* - - *J. Saenredam sculp. et excudebat.* - - *Amstelodami
Joannes Janssonius excudit* A°. 1618.

Largeur : 23 pouces , 4 lignes. Hauteur : 15 pouces , 8 lignes. La marge du bas : 4 lignes.

On a de ce morceau des épreuves avant
l'adresse de *Jansson*, qui sont recherchées.

26.

Un paysage dans lequel est représenté
l'enlèvement de Ganymède. *Nuncia fulva
Jovis* etc. - - *A. Bloemaert inue. J. Saenredam
sculp.* - - *D. Baudius.* - - *Bazet divulgat.*

Largeur · 12 pouces , 9 lignes. Hauteur : 9 pouces. La
marge du bas : 3 lignes.

On a de ce morceau des épreuves postérieures, dans lesquelles les mots : *Razèt
divulgat* sont effacés, et où les mots : *D.
Baudius* sont remplacés par : *R. D. Baudous excud.*

27.

Vertumne empruntant la figure d'une
vieille, pour inspirer de l'amour à Pomone , déesse des jardins. *Inter Hamadry-
das cultrix* etc. - - *A. Bloemaert inue. J. Saenredam sculp. et excu.* A°. 1605.

Hauteur : 10 pouces , 4 lignes. La marge du bas : 11 lignes.
Largeur : 13 pouces , 1 ligne.

28.

Vénus faisant alliance avec Bacchus et Cérès ; à mi-corps. *Sine Cerere et Bac-cho* etc. -- *Abrah. Blom. inv. J. Saenredam sculps.*

Hauteur : 8 pouces, 5 lignes. La marge du bas : 1 pouce, 5 lignes. Largeur : 7 pouces, 4 lignes.

29.

La vanité des richesses, représentée par une femme qui tient un vase rempli de fumée, et qui est assise auprès d'une table chargée de meubles précieux. *A. Blom-maert Pinx. J. Saenredam sculpsit. Robber-tus de Baudous Excudebat.*

Hauteur : 9 pouces, 2 lignes. La marge du bas : 3 lignes. Largeur : 7 pouces, 3 lignes.

Ce sujet est entouré d'une bordure, dans laquelle les mots : *Vanitas Vanitatum et omnia vanitas* sont écrits en grands caractères entrelacés. Ce bord est large de 2 pouces, 2 lignes.

30.

Une tête de mort, accompagnée de quelques ossemens humains. Ce sujet est renfermé dans une bordure enrichie de quelques trophées funèbres. *Forte locus dabitur* etc. -- *Hospes an non huc ? -- A. Blommaert*

Pinx. - - Joan. Saenredam sculp. Robbertus de Baudous excudebat.

Hauteur : 14 pouces. Largeur : 11 pouces , 9 lignes.

D'après Polyd. Caldara, nommé Caravaggio,
31.

Scipion, après avoir été blessé dans le combat du Tessin, est retiré de la melée par la valeur de son fils P. Scipion, surnommé depuis l'Africain : gravé d'après ce qui est peint à fresque et en clair-obscur à Rome, sur la façade d'une maison près le pont St. Ange; et il y a apparence que c'est sur un dessin de *Henri Goltzius. Per Polidorum dilucide* etc. - - *J. Sanredam.* A? 1593. - - *J. C. Visscher excudit.*

Largeur : 12 pouces , 9 lignes. Hauteur : 8 pouces , 10 lignes. La marge du bas : 6 lignes.

32.

Furius Camillus survenant dans le tems que les Romains se rachetent du pillage des Gaulois. D'après une fresque peinte en clair-obscur à Rome, sur la façade d'une maison située sur le mont quirinal. *Postquam communis omnium* etc. - - *J. Saenredam sculp. J. C. Visscher excudit.*

Largeur : 20 pouces , 7 lignes. Hauteur : 12 pouces , 7 lignes. La marge du bas : 6 lignes.

33.

Niobe se faisant rendre par ses peuples les mêmes honneurs qu'à Latone, mère de Diane et d'Apollon qui, pour se venger, percent de flèches les enfans de cette malheureuse princesse ; ce qui est représenté en huit estampes, lesquelles étant assemblées, ne composent qu'une même frise, qui a été peinte en clair-obscur sur la façade extérieure d'une maison de Rome. Elle y a été dessinée par *Henri Goltzius,* et c'est d'après ce dessin que les planches en ont été gravées en 1594 par *J. Saenredam.*

La longueur de chacune de ces huit estampes est à peu-près de 14 pouces. La frise entière porte 9 pieds, 4 pouces, 9 lignes en largeur, sur une hauteur de 9 pouces. La marge du bas est de 6 lignes.

Voici les premiers mots des inscriptions qui se trouvent dans la marge de chaque pièce.

1) *Ara gemelliparae Titanidi* etc.
2) *Plebs, proceresque simul* etc.
3) *Intumuit Niobe stimulis* etc.
4) *Tanta ego ait, turba* etc. - - *Ill.*mo *et ex.*mo *Domino* etc. - - *Goltzius exc.*

5) *An leue quis reputet* etc. - - *Henricus Goltzius Opus hoc Polidori* etc. - - *J. Saenredam sculp.* A°. 1594.

6) *Filia sed Caei iuga* etc.

7) *Non tulit Arcitenens* etc.

8) *Diriguit Niobe , septem* etc.

D'après Paul Caliari, nommé Paul Veronese.

34.

Jésus Christ assistant à un banquet chez Simon le Pharisien ; d'après le fameux tableau qui est dans le réfectoire du monastère de St. Jean et S. Paul à Venise. *Suprema Christus Coeli* etc. -- *P. Verones. inve.* - - *J. Saenredam sculp.* Grande estampe de trois morceaux assemblés en largeur.

Largeur: 32 pouces. Hauteur: 14 pouces, 10 lignes. La marge du bas: 7 lignes.

D'après Corneille Cornelis.

35.

Eve persuadant à Adam de manger du fruit de l'arbre de vie. *Edicti immemores, vetitos* etc. - - *Corn. Corn. Harlem. inve. J. Saenred. sculps.* - - *Razet divulg. et Adamo* etc.

Hauteur: 11 pouces, 6 lignes. La marge du bas: 7 lignes. Largeur: 8 pouces, 2 lignes.

On a de ce morceau une bonne copie, faite par un anonyme, en contre-partie de l'original. Elle a la même dimension, et la même inscription, mais les noms de *Corn. Cornelis* et de *Razet* ne s'y trouvent pas.

36.

Susanne au bain, surprise par les deux vieillards. *Aestus erat, mediusque* etc. -- *C. C. Haerlem inven. J. Saenredam sculp. et excu. Rob. de Baudous Amstelodami.*

Largeur : 9 pouces, 6 lignes. Hauteur : 7 pouces, 9 lignes. La marge du bas : 6 lignes.

37.

Paris assis près d'Enone dont il grave le nom sur l'écorce d'un arbre. *Nudus ad Oenonen* etc. - - *C. C. Harlemen. pinx.* - - *J. Saeredam sculp.*

Largeur : 12 pouces, 4 lignes. Hauteur : 9 pouces, 4 lignes. La marge du bas : 10 lignes.

38.

Vertumne parlant de son amour à Pomone, près de laquelle il est assis dans un jardin. *Hortorum Pomona potens* etc. - - *C. C. Haerlem. inue. J. Saenredam sculp. et excu.* A.° 1605.

Hauteur : 9 pouces. La marge du bas : 4 lignes. Largeur 7 pouces, 11 lignes.

39.

L'antre de Platon, où un petit nombre de philosophes se rassemblent autour de la lumière, pendant que le plus grand nombre des hommes préférant les ténèbres, ne recherchent que l'ombre de la vérité, et les vains plaisirs du siècle. Pièce emblématique. *Antrum Platonicum. -- Lux venit in mundum etc. -- Maxima pars hominum etc. -- C. C. Harlemensis Inv. J. Sanredam sculpsit. Henricus Hondius excudit. 1604.*

Largeur : 16 pouces , 6 lignes. Hauteur : 10 pouces, La marge du bas : 1 pouce , 8 lignes. Celle d'en haut : 4 lignes.

D'après Henri Goltzius.

a. Sujets pieux.

40.

Eve persuadant à Adam de manger du fruit de l'arbre de vie, après s'être laissée elle même séduire par le démon. *In mortem primi etc. -- Goltzius Inuentor. J. Saenredam sculp. A.° 1597. Cum privil. Sa. Cae. M.*

Hauteur : 7 pouces , 4 lignes. La marge du bas : 8 lignes. Largeur : 5 pouces.

41.

Loth et ses deux filles. *Deflagrasse omnem*

cum etc. - - *Goltzius Inuent. J. Saenredam sculpt.* A°. 1597. *Cum privil. Sa. Cac. M.*

Largeur : 9 pouces, 7 lignes. Hauteur : 7 pouces, 1 ligne. La marge du bas : 6 lignes.

Les épreuves postérieures portent cette adresse : *R. de baud. exc.* Plus foibles encore sont celles marquées : *J. Jansonius exc.*

On a de ce morceau une bonne copie faite par un anonyme en contre-partie de l'original, c'est-à-dire, que Loth avec l'une de ses filles s'y trouve à la gauche de l'estampe. Les mots : *Goltzius Inuent.* sont marqués au bas des pieds de l'autre fille qui est debout à droite. Cette copie a la même dimension que l'original, et elle porte aussi la même inscription.

42.

Susanne au bain, surprise par deux vieillards. *Casta pudicitiae cui* etc. - - *Goltzius Inuentor. J. Sanredam sculptor.*

Hauteur : 8 pouces, 6 lignes. La marge du bas : 9 lignes. Largeur : 6 pouces, 1 ligne.

On a de ce morceau une copie assez exacte, faite par *Barra* en 1598. *Goltzius Inuentor. Barra sculptor.* - - *Wilhelm peter zimmermann excudebat - - jn augusta vindelicorum.* Elle a la même dimension que l'original.

Autre copie très bien gravée en contre-partie de l'original, avec des changemens qui consistent 1mo· en ce qu'il y a un petit intervalle entre la figure de Susanne et celles des vieillards. 2do· en ce que les arbres derrière ces vieillards sont plus élevés. *Casia pudicitiae cui* etc. - - *Goltzius Inventor - - Jo. Turpinus exc. Romae* 1599.

Hauteur : 9 pouces . 7 lignes. La **marge** du bas : 8 lignes. Largeur : 7 pouces , 6 lignes.

43.

Débora armée d'un clou et d'un maillet pour en percer la tête de Sisara; à mi-corps. *Non semper validis* etc. - - *Goltzius Inuet. - - I. S. sculptor. Cum priuil. Sa. Cae M.*

Hauteur : 9 pouces , 9 lignes. Largeur : 7 pouces , 4 lign.

44.

Judith donnant à sa suivante la tête d'Holoferne qu'elle vient de couper ; à mi-corps. *Divina mulier tollit* etc - - *Goltzius Invent. J. Saenredam sculp. Cum privil. Sa. Cae. M.*

Ce morceau fait le pendant du précédent.

45 - 50.

Les femmes dont il est parlé dans le nouveau testament, représentés à mi-corps. Suite de six estampes.

Hauteur : 6 pouces , 3 à 4 lignes. La marge du bas : 9 lignes. Largeur : 4 pouces , 11 lignes.

1) Marie Madeleine. *Illa pedes Christi* etc.
--*Goltzius Inuent. J. Saenredam. sculp.*--
Joannes Janssonius excudit.

2) La Samaritaine. *Quae solita est* etc.--
Goltzius Inuent. J. Saenredam sculpt.

3) La femme adultère. *Feminam adulterij
culpatam* etc. - - *Goltzius Inuentor. J.
Saenredam sculpt.*

4) La Chananéenne. *Se similem mulier*
etc. - - *Goltzius Inuentor. J. Saenredam
sculpt.*

5) Celle qui est malade d'une perte de sang.
Attingens domini vestem etc. - - *Goltzius
Inuent. J. Saenredam sculpt.*

6) La femme estropiée, guérie par Jésus
Christ. *Dum mulier sentiet* etc.- - *Goltzius Inuentor J. Saenredam sculp.*

b. Sujets fabuleux.

51.

Vénus se reposant sur un lit, tandisque
l'Amour remplit de flèches son carquois.
Ce sujet est renfermé dans un cartouche
ovale, aux quatre angles duquel sont disposés des enfans qui représentent les quatre élémens. Cette estampe est gravée par
J. Saenredam, quoiqu'il n'y ait ni son nom

ni sa marque. *J. ℔ Inuentor. - - Quid non designat* etc - - *I. C. Vischer excudebat.*

Largeur : 10 pouces , 4 lignes. Hauteur : 7 pouces, 6 lignes. La marge du bas : 4 lignes.

Les premières épréuves sont sans l'adresse de *Visscher.*

On a de ce morceau une copie, faite en contre-partie de l'original par un anonyme de peu de mérite. Cette copie ne présente que le sujet principal, qui est gravé sur une planche carrée; le cartouche ovale avec les quatre enfans disposés dans les angles ne s'y trouvent point. Elle ne porte pas le nom de *Goltzius,* mais elle est marquée de cette adresse : *Justus Sadeler excudit.*

Largeur : 8 pouces. Hauteur : 5 pouces , 9 lignes. La marge du bas : 3 lignes.

52.

Diane ordonnant à ses nymphes de dépouiller Calisto qui tache en vain de cacher sa grossesse. *Dum detrectanti Tegaea* etc. - - *℔oltzius Inuent. J. Saenredam sculp.*

Largeur : 10 pouces , 10 lignes. Hauteur : 7 pouces , 4 lignes. La marge du bas : 6 lignes.

Les épreuves marquées : *J. C. Visscher excudit* sont retouchées.

53 - 55.

Jupiter, Neptune et Pluton avec leurs épouses. Suite de trois estampes gravées par *J. Saenredam*, quoique son nom ne s'y trouve pas marqué.

Hauteur : 11 pouces, 6 lignes. La marge du bas : 6 lignes.

Largeur : 7 pouces, 11 lignes.

1) Jupiter assis sur des nues, près de la déesse Junon. *Laeta Jouis thalamos* etc. - - *HG*.

2) Neptune et Amphitrite assis sur leur char conduit par des dauphins. *Glauca Amphitrite dum* etc. - - *HG*.

3) Pluton recevant les caresses de Proserpine dans les enfers. *Persephone umbrarum domino* etc. - - *HG*.

56 - 58.

Les trois déesses Pallas, Vénus et Junon, représentées à mi-corps, chacune avec les attributs qui les caractérisent. Suite de trois estampes.

Hauteur : 7 pouces, 2 lignes. La marge du bas : 6 lignes.

Largeur : 5 pouces, 2 lignes.

1) Pallas. *Arte valens belli* etc. - - *HG Inue --J. Saenredam sculp.*

2) Vénus. *Sum Venus, orta* etc. - - *HG Inuent. J. Saenredam.*

3) Junon. *Et soror, et coniunx* etc. -- *HG*
Inuent. J. Saenredam.

On a de ces morceaux des épreuves postérieures qui portent cette adresse; *J. C.*
Visscher excudit, marquée sur la première
pièce.

59 - 61.

Six nymphes de la suite de Diane, représentées deux à deux dans des paysages.
Suite de trois estampes.

Hauteur : 7 pouces , 8 lignes. La marge du bas : 5 lignes.
Largeur : 5 pouces , 9 lignes.

1) Deux nymphes dont l'une , placée à
  gauche , est vue par le dos , l'autre tient
  un arc de la main gauche. *Felices syl-*
  vae nymphas etc. -- *HG iuu. J. Saenredam*
  sculp. R. baud. exc. 1616.

2) Deux autres qui se promènent de com-
  pagnie , portant chacune un vase à la
  main. Leurs pas sont dirigés vers la
  droite. *Queis ritu licuit* etc. -- *HG inuent.*
  J. Saenr. sculp.

3) Deux autres qui s'approchent d'un
  ruisseau , et dont l'une porte un vase.
  Elles sont tournées vers la gauche.
  Atque genu, collo etc. -- *HG inuent. J.*
  Saenred. sculp.

On a de ces trois estampes des copies faites en contre-partie. La première est marquée du nom de *J. Saenredam;* mais elles ne sont certainement pas de cet artiste.

62 - 64.

Ces mêmes déesses représentées assises sur des nues, dans des formes ovales. Suite de trois estampes.

Hauteur : 11 pouces, 9 lignes. La marge du bas : 8 lignes.
Largeur : 9 pouces, 2 lignes.

1) Pallas appuyée sur son égide. *Quae-cunque in terris florent* etc. - - *HG* - - *Cum privil. Sa. Cae. M. Anno* 1596.

2) Vénus accompagnée de l'Amour. *Im-menso nostrum spectatur* etc. - - *HG.*

3) Junon tenant un sceptre. *Ex me larga fluit* etc. - - *HG.*

Ces trois pièces sont des plus beaux ouvrages de *Saenredam*, et quoiqu'elles ne portent pas son nom, elles ont été cependant gravées par lui.

Elles ont été copiées par un anonyme, en plus petite forme. Ces copies ne portent ni le chiffre de *Goltzius*, ni autre marque ou nom : seulement la première pièce est

marquée de cette adresse : *Robb. de baudous exc.*

Hauteur : 9 pouces, 2 lignes. La marge du bas : 6 lignes.
Largeur : 7 pouces, 4 lignes.

65 - 67.

Bacchus, Vénus et Cérès, représentées
à mi-corps avec les attributs qui leur sont
convenables. Dans des formes ovales. Suite
de trois estampes.

Hauteur : 8 pouces, 8 lignes. La marge du bas : 5 lignes.
Largeur : 6 pouces, 6 lignes.

1) Bacchus. *Oblecto dulci moerentia* etc.
    -- *KG*.

2) Vénus. *Cum Cerere et Baccho* etc. --
    KG.

3) Junon. *Jam fastidita quercu* etc. -- *KG*.

On a de très bonnes copies des pièces
1 et 3 de cette suite, faites en contre-partie des estampes originales par *H. L. Schärer*. Nr. 1 est marqué : *C. Cornelij inv. L. K.*
(C'est-à-dire Lucas Kilian) *excudit. H. L.
Schärer sculp.* Nr. 3 ne porte ni nom, ni
marque. Dans l'inscription de la marge le
mot *frugifere* est écrit *trugifere* avec un *t*.

J. G. Müller a pareillement fait de belles
copies de ces memes pièces 1 et 3, qui
sont aussi en contre-partie des estampes

originales. Elles sont marquées : *Ad exemplum Goltzii sculpsit J. G. Müller* 1771.

68.

Vénus recevant les caresses de l'Amour. *Aligero magnos armata* etc. - - *Goltzius Inuent. Joannes Saenredam sculp.*

Hauteur : 7 pouces , 3 lignes. La marge du bas : 14 lignes. Largeur : 5 pouces , 9 lignes.

Les épreuves postérieures portent cette adresse : *Robb. de baudous excud.*

69.

Vénus assise sur un lit entre Bacchus et Cérès, pour faire connoitre que l'Amour n'a aucun pouvoir, s'il n'est accompagné de ces deux divinités. *Bacche meae vires* etc. - - *Goltzius Inuentor. J. Saenredem scup.* A°. 1600. - - *Cum privil. Sa. Cae. M.*

Hauteur : 15 pouces , 6 lignes. La marge du bas : 3 lignes. Largeur : 11 pouces , 6 lignes.

70 - 72.

Les cultes rendus à Cérès, Vénus et Bacchus. Suite de trois estampes qui sont du nombre des plus belles de l'oeuvre de Saenredam.

Hauteur : 15 pouces , 7 lignes. La marge du bas : 9 lignes. Largeur : 11 pouces , 3 lignes.

1) Cérès honorée par les laboureurs.

Diva potens frugum etc. -- Ⳓ *oltzius In-*
uent. J. Saenredam sculptor. Anno 1596.
-- Cum privil. Sae. Cae. M.

2) Des amans et leurs maitresses implor-
rant l'assistance de Vénus. *O Citherea ,*
tuos etc. -- Ⳓ *Inue. I. S. sculp.*

3) Des buveurs demandant à Bacchus la
continuation de ses dons. *Bacche pater,*
prono etc. -- Ⳓ *Inuent. Sanredam sculp.*

On a de ces trois morceaux des copies
assez axactes, faites par *Raphael Guidi.*
Le nom de *Goltzius* n'y est point marqué ;
mais on lit sur la première : *Raphael Gui-*
di fecit. -- *Caesar Capranicus formis Romae,*
La dimension est celle des estampes originales, mais la marge du bas porte 13
lignes.

73 - 79.

Les divinités des sept planètes, et les
occupations des hommes, auxquelles elles président. Suite de sept estampes. .

Hauteur : 8 pouces, 8 à 9 lignes. La marge du bas : 7 lignes. Largeur : 6 pouces, 6 lignes.

1) Saturne présidant à l'agriculture. *Au-*
rea me quondam etc. -- Ⳓ *Inuent. Johan*
Sanredam scup. A°. 1569. (Le 6 est écrit
à rebours). *Cum privil. S. C. M.*

2) Jupiter présidant aux sciences. *Artibus exorno varijs* etc.

3) Mars, à la guerre. *Cernitur in dubio* etc.

4) Apollon, aux honneurs et aux dignités. *Sum decus astrorum* etc.

5) Vénus, à l'amour et aux plaisirs. *Accendo iuvenum curas* etc.

6) Mercure, aux arts. *Me dijs commendat* etc.

7) Diane, à la pêche et à la navigation. *Vasta procellosi mihi* etc.

80.

Andromède attachée à un rocher, pour être dévorée par un monstre marin. *Andromeden Perseus magno* etc. - - *HG Inuent. J. Sanreda. sculp.* A? 1601. *Cum priuil. Sa. Cae. M.*

Hauteur: 8 pouces, 10 lignes. La marge du bas: 6 lignes. Largeur: 6 pouces, 6 lignes.

On a de ce morceau une copie très exacte et fort bien gravée par un anonyme. Elle est marquée: *HG Inuent.*

Les vertus et les péchés, représentées par des femmes qui sont debout dans des niches. Voyez les pièces gravées par *Jacques Matham* d'après *HenriGoltzius* Nr. 125-131.

81 - 83.

La foi, l'espérance et la charité, représentées par des femmes qui portent leurs attributs. Suite de trois estampes.

Hauteur: 10 pouces, 11 lignes. La marge du bas: 3 lignes. Largeur: 7 pouces, 6 lignes.

1) La foi. *Non me durarum* etc. - - *Goltzius Inue. J. Sanredam sculpt.* A°. 1601. - - *Cum privil. Sa. Cac. M.*

2) L'espérance. *Confirmo dubios, tristi* etc. - - *Goltzius Inuent. J. Sanredam sculpt.*

3) La charité. *In toto nihil est* etc. - - *Goltzius Inuent. J. Sanredam scupt.*

84 - 86.

Les trois sortes de mariages. Suite de trois estampes.

Hauteur: 8 pouces. La marge du bas: 6 lignes. Largeur: 5 pouces, 10 à 11 lignes

1) Le mariage qui se fait dans la seule vue du plaisir, et auquel préside l'Amour. *Coniugium quod turpis* etc. - - *Goltzius Inuent. J. Sanredam sculp.*

2) Celui dont le principal motif sont les richesses, et qui est l'ouvrage du démon. *Divitiae turpes, et quos* etc.

3) Celui que ne se contracte que par un principe d'amour pur et chaste, et

qui est béni par Jésus Christ. *Quos connectit amor verus* etc.

87-90.

Les quatre Saisons. Suite de quatre estampes.

Hauteur : 7 pouces, 8 lignes. La marge du bas : 5 lignes. Largeur : 5 pouces, 10 lignes.

1) Le printems, représenté par un enfant qui montre un nid d'oiseaux à une jeune fille qui ramasse des fleurs. *Humanas recreo mentes* etc. - - *HGoltzius Inuent. J. Sanredam sculpt. - -Cum privil. Sa. Cae. M. A°* 1601.

2) L'été. Un enfant habillé en moisonneur, s'entretenant avec une jeune laitière hollandoise. *Per me larga seges* etc. - - *HG Inue. J. S sculp.*

3) L'automne. D'autres enfans qui font la récolte des fruits. *En ego maturos* etc. - - *HG Inue. J. S. sculp.*

4) L'hiver. Un jeune homme qui glisse en patins avec une demoiselle qu'il tient par la main. *Accumulant homines totum* etc. - - *HG Inuent. J. S. sculp.*

On a de ces quatre estampes des épreuves postérieures qui sont numérotées à droite, dans la marge du bas, et dont la première pièce porte cette adresse : *J. C. Visscher exc.*

Ces quatre morceaux ont été copiés assez exactement par un anonyme. Ces copies portent le nom de *Goltzius*, mais la marque de *Saenredam*, ni aucune autre ne s'y trouvent.

91 - 94.

Les quatre parties du jour. Suite de quatre estampes.

Hauteur : 7 pouces, 4 lignes. La marge du bas : 5 lignes. Largeur : 5 pouces, 5 lignes.

1) Le matin, représenté par une femme qui donne à déjeuner à ses enfans qu'elle envoye à l'école, pendant que le mari est occupé à regler les affaires de son négoce. *Plena laboriferi curis* etc. -- *IG Inue.* -- *J. Saenredam sculp.*

2) Le soir, représenté par des gens qui se réjouissent dans un festin. *Tristitiam et luctus* etc. -- *IG Inue.*

3) Le midi, par un ouvrier qui travaille en menuiserie près de sa femme qui fait de la dentelle. *Opportuna dies operi* etc. -- *IG Inue.*

4) La nuit, par une femme qui s'endort auprès du feu. *Nocte vacant curis* etc. -- *IG Inuent.*

95 - 99.

Les cinq sens de nature, représentés d'une manière simbolique par des femmes à mi-corps, chacune accompagnée d'un homme. Suite de cinq estampes.

Hauteur: 5 pouces, 11 lignes. La marge du bas: 7 lignes. Largeur: 4 pouces, 6 lignes.

1) La vue. *Dum male lascivi* etc. - - *Goltzius Inue. J. Sanredam sculptor.*

2) L'ouie. *Ne patulas blandis* etc.

3) L'odorat. *Quamvis floriferus sit* etc.

4) Le goût. *Dulcia saepe nocent* etc.

5) L'attouchement. *Quae conspecta nocent* etc.

- Ces cinq pièces ont été copiées par *Dominique Custos.* Ces copies sont en contre-partie des estampes originales. On lit sur la première pièce les mots: *Henric. Goltzius Invent.* écrits sur le cadre du miroir que tient l'homme. Au bas, dans la marge, est écrit: *Ill. D. D. Raymundo Fuggero Baroni Kirchbergen et weysse D. D. Domic. Custos.*

100.

Un peintre peignant d'après une femme nue qui se regarde dans un miroir que soutient l'Amour; par où *Goltzius* a eu dessin de représenter d'une manière énigmatique, les objets dont la vue peut être aussi nuisible qu'agréable. *Haec memini nocuisse atque oblectasse videntes - - HG Inuent. J. Saenr. scu. R. de baudous excudit* 1616.

Hauteur : 8 pouces, 6 lignes. La marge du bas : 4 lignes. Largeur : 6 pouces, 7 lignes.

On a des épreuves postérieures de ce morceau, où les mots *R. de baudous* sont effacés, et remplacés par ceux de *Joann. Janssonius.*

d. *Differens autres sujets.*

101.

Portrait de Charles van Mander, peintre, en buste, dans un cartouche ovale. *Mensch soeckt veel* etc. - - *Caerle ver Mander van Molebeke* etc. - - A°. 1604. *HG Pinxit. J. Saenredam sculp.*

Hauteur : 6 pouces, 4 lignes. Largeur : 4 pouces, 4 lign.

102.

Un paysan et une paysanne hollandoise apportant au marché du beurre et d'autres denrées ; à mi-corps. *Ruricolis hic mos* etc. - - *HGoltius inuent, J. Saenredam sculp, Robb, de Baudous excud,* 1615.

Largeur : 8 pouces, 5 lignes. Hauteur : 6 pouces, 9 lignes. La marge du bas : 4 lignes.

On a de ce morceau des épreuves postérieures, où les mots : *Robb. de Baudous* sont effacés, et remplacés par ceux de *Joann. Janssonius.*

103.

Un fou tenant une marotte qu'il montre en riant; à mi-corps. *T'is òm te lachen.-- IG. Inuent. -- Sanredam sculp.*

Hauteur : 8 pouces , 5 lignes. La marge du bas : 11 lignes. Largeur : 6 pouces , 5 lignes.

On a des épreuves de cette estampe, où les mots : *T'is om te lachen* sont effacés, et remplacés par une triple inscription en hollandois, en allemand et en françois. La première commence ainsi : *Elk gevalt zyn* etc.

On a de ce morceau une copie en contre-partie de l'original, mise au jour par Sadeler. *Cosa ridicolosa -- Si ride il pazzo* etc. -- *Sadeler excud. Venetia.*

Hauteur : 8 pouces , 2 lignes. La marge du bas : 5 lignes. Largeur : 6 pouces , 4 lignes.

Autre copie, pareillement en contre-partie de l'original, gravée par *E. Noauel,* avec quelques changemens qui consistent en ce qu'on a substitué à la marotte un poisson que quette un chât placé sur l'épaule de l'homme. *Wer mich anlacht* etc. -- *E. Noauel fe. -- Peter Ouerradt imprimit.*

Hauteur : 8 pouces , 4 lignes. La marge du bas : 2 pouces. Largeur : 6 pouces , 5 lignes.

Une troisième copie, qui est aussi en sens contraire, a été faite par *Dominique Custos ;* elle est de plus petite forme. *Die Nachvolghen thuen mich lachen - - Quelli chi mi segvino* etc. - - *D. C.* (C'est-à-dire: *Dominique Custos*).

Hauteur : 5 pouces, 7 lignes. La marge du haut : 3 lignes. La marge du bas : 5 lignes. Largeur : 4 pouces, 10 lignes.

D'après Pierre Isaac.

104.

Vénus couchée sur un lit, entre les bras de Mars à qui elle présente une coupe remplie de vin. *Quod veneris prisci* etc. - - *Petrus Isach pinxit. Joan. Saenredam sculp. et excu.* 1604.

Largeur : 7 pouces, 7 lignes. Hauteur : 5 pouces, 2 lignes. La marge du bas : 7 lignes.

105.

Le portrait de Jean van Ach, peintre de l'empereur, en buste, dans un cartouche ovale, placé au milieu d'une décoration d'architecture, où sont disposées diverses figures représentant d'une manière allégorique la vertu et la peinture qui fixent la légèreté de la fortune. *Johanni ab Ach*

etc. -- *Vivit post funera virtus.* -- *J. Saenre-*
dam sculp. et excu. A? 1605.

Hauteur : 14 pouces, 7 lign. Largeur : 11 pouces, 9 lign.

D'après Corneille Kettel.
106.

Pièce emblématique sur le bon et mauvais naturel. L'on y remarque la bienfai-
sance sous la figure d'une femme qui fait
don de ce qu'il y a de plus estimable,
figuré par le soleil, à un homme ingrat
qui lui enfonce un poignard dans le sein,
tandisque d'un autre côté une femme bien
née lui donne des marques sensibles de
sa reconnoissance pour un moindre bien-
fait qu'elle en reçoit, et qui est exprimé
par un croissant. *C. Ketel Inven. et figura-*
vit. J. Saenred. sculp. J. Razet divulgavit.
Henricus Laurencius exc. Robbertus de Bau-
dous Excudebat.

Hauteur : 19 pouces, 3 lignes. Largeur : 13 pouces,
8 lignes.

D'après Lucas de Leyde.
107.

Débora enfonçant un clou dans la tête
de Sisara, général de l'armée des Chana-

néens. *Sternitur imbelli perfossus est* etc. - -
J. Saenredam sculp.

Hauteur: 9 pouces, 9 lignes. La marge du bas : 8 lignes.
Largeur : 7 pouces, 8 lignes.

Les épreuves marquées : *C. V. Sichem
excudebat* sont postérieures.

108.

Judith donnant à sa suivante la tête
d'Holoferne qu'elle vient de couper. *Vincit inerme genus* etc. - - *J. Saenredam sculp.*
Ce morceau est le pendant du précédent,
et a la même dimension.

Les épreuves marquées : *C. V. Sichem
editor et excud.* sont postérieures.

109.

Les filles d'Israël chantant les louanges de David qui revient victorieux du
géant Goliath. *Cum reverteretur percusso*
etc. - - *J. Saenredam sculp.* - - 1600 - - *N. de
Clerck ex.*

Hauteur: 9 pouces, 9 lignes. La marge du bas: 6 lignes.
Largeur : 7 pouces.

Les premières épreuves sont avant l'a-
dresse de *N. de Clerck.*

On a de ce morceau une copie, marquée de l'adresse: *Petrus de Jode excud.*
Elle est en contre-partie de l'estampe ori-

ginale, c'est-à-dire, que la figure de David est placée à gauche.

D'après Charles van Mander.

110.

Rebecca donnant à boire à Eliézer, serviteur d'Abraham. *Abrahamus nato cum* etc. - - *KV Mandere inue. J. Saenredam sculp.* - - *J. C. Visscher excudit.*

Largeur: 15 pouces, 1 ligne. Hauteur : 9 pouces, 4 lignes. La marge du bas : 7 lignes.

Ce morceau est des premières manières de *J. Saenredam.*

111.

Les bergers arrivant dans l'étable de Bethléem, pour y adorer l'enfant Jésus nouvellement né. *Proditur aetheraeus primum* etc. - - *K. Mandere Inue. J. Saenredam sculp.* - - *J. C. Visscher excudit.* Grande pièce de trois morceaux collés ensemble.

Largeur: 39 pouces, 9 lignes. Hauteur : 15 pouces, 4 lignes. La marge du bas : 8 lignes.

112.

Hérodiade dansant en présence d'Hérode. *Dum laetus celebrare* etc. - - *K. Mandere inuen. J. Saenredam schulp.*

Largeur: 15 pouces, 2 lignes. Hauteur : 9 pouces, 4 lignes. La marge du bas : 4 lignes.

113.

Saint Paul et S. Barnabé refusant les
sacrifices qu'on veut leur offrir dans la ville
de Lystre. *Paulus Barnabba, et fido* etc. --
K. Mandere inuen. J. Saenredam sculp.

Ce morceau fait le pendant du précédent, et en a la même dimension.

114.

Portrait de Pierre Hogerbetius de
Horne, poëte et docteur en médecine, en
buste, dans un cartouche ovale, aux côtés
duquel sont représentés Apollon et Esculape, avec les attributs qui les distin-
guent. *Petrus Hogerbetius Hornanus* etc. --
Amplissimis magnificisque viris etc. -- *Qui
patriae Cives* etc. -- *K. Mander inventor* --
J. Saenredam sculpsit.

Hauteur : 9 pouces, 9 lignes. Largeur : 7 pouces, 8 lign.

D'après Paul Morelse.

115.

Diane découvrant la grossesse de Ca-
listo. *Virgineo comitata choro* etc. -- *Paulo
Morelse inue. J. Saenredam sculpsit et excu.
A°. 1606.*

Largeur : 14 pouces, 10 lignes. Hauteur : 10 pouces, 6 lignes. La marge du bas : 9 lignes.

III. PIÈCES DONT LA GRAVURE EST AT-
TRIBUÉE A JEAN SAENREDAM.

D'après Henri Goltzius.
116 - 118.

La diligence, la patience et la science représentées sous la figure de femmes assises qui en portent les simboles. Suite de trois estampes.

Hauteur : 13 pouces. La marge du bas : 5 lignes. Largeur : 8 pouces, 8 lignes.

1) La diligence. *Diligentia. Quem labor assiduus* etc. -- *HG* -- *Robb. de baudous excud.* 1615.

2) La patience. *Patientia. -- Excitat, et digna* etc. -- *HG.*

3) La science. *Sientia. -- Ille sibi studio* etc. -- *HG.*

Les épreuves postérieures portent cette adresse : *J. Joannes Janssonius Exc.* 1615, et la faute dans le mot *sientia* s'y trouve corrigée en ce qu'on y a ajouté la lettre *c.*

119-122.

Les quatre saisons de l'année. Suite de quatre estampes.

Hauteur: 7 pouces, 1 ligne. La marge du bas : 4 lignes.
Largeur : 5 pouces, 4 lignes.

1) Le printems, représenté par un amant qui accompagne de sa guittare la voix de sa maîtresse, auprès de laquelle il est assis dans un jardin. *Humanas recreo mentes* etc. - - *Goltzius Inuent.*

2) L'été, représenté par des laboureurs qui font la moisson. *Per me larga* etc.

3) L'automne, par une femme qui tient un panier de fruit, près d'un homme qui fait une emplette de vin nouveau. *En ego maturos* etc. - -

4) L'hiver, par un festin servi par le dieu Comus. *Accumulata vides totum* etc.

123.

La mort assise sur un tombeau, près d'un jeune homme qui tient une fleur, par où le peintre a voulu marquer le peu de durée de la vie. *Fui, non sum: Es, non eris.* - - *Et nos floruimus* etc. - - *Goltzius Inne.* 1592.

Hauteur: 8 pouces, 6 lignes. La marge du bas : 6 lignes.
Largeur : 6 pouces, 4 lignes.

IV. PIÈCES GRAVÉES PAR DIFFÉRENS

GRAVEURS CONTEMPORAINS DE JEAN SAENREDAM

D'APRÈS LES DESSINS DE CE MAITRE.

1.

Débora représentée debout, ayant un livre sous le bras. *Incaluisse Deo fertur* etc. - - *J. Saenredam inue.* Gravé par un anonyme dans la manière de *J. Saenredam*, et suivant toutes les apparences, sous sa direction.

Hauteur : 11 pouces, 1 ligne. La marge du bas : 6 lignes. Largeur : 7 pouces, 10 lignes.

2.

Hercule debout au milieu de la vertu et de la volupté, incertain du parti qu'il doit prendre. *Alcidae assistunt Virtus* etc. -- *Joan. Saenredam inne.* Gravé par un anonyme.

Largeur : 7 pouces, 10 lignes. Hauteur : 7 pouces, 5 lignes. La marge du bas : 6 lignes.

3.

Andromède attachée au rocher où on l'a exposée pour être dévorée par un monstre marin. *Andromede quondam monstris* etc. - - *J. Saenredam Inven. W. Swanenburg sculp. R. de Baudous exc.*

Hauteur : 9 pouces. La marge du bas : 10 lignes. Largeur : 7 pouces.

4.

Des imprimeurs travaillant dans un atelier de typographie. *Typographia Harlemi primum inventa circa annum* 1440 - - *Currat penna licet* etc. - - *Zaenredam invent. - - velde sculp.* (C'est Jean van Velde). Joli morceau, assez rare à trouver.

Hauteur : 5 pouces, 1 ligne. La marge d'en haut : 4 lignes. La marge du bas : 7 lignes. Largeur : 4 pouces, 5 lignes.

JEAN MULLER.

Voulant donner à nos Lecteurs une idée
juste et précise du talent de *Jean Muller*,
nous ne pouvons nous dispenser de re-
courir pour la seconde fois à la plume de
Mr. *Levéque*, dont le jugement parfaitement conforme au notre à le mérite d'é-
tre infiniment mieux exprimé. Voici donc
ce qu'il dit page 370 de l'Encyclopédie méthodique, beaux arts, T. I. P. II.

„*Jean Muller,* Hollandois, est peut-être
le graveur qui a manié le burin avec le
plus de hardiesse. Il méritera toujours
d'être étudié par les artistes qui aspire-
ront à se distinguer dans cette partie ; mais
il faudra qu'ils tempèrent par le gout l'excès d'audace qu'il est capable d'inspirer.
Jamais on ne posséda mieux le métier de
la gravure ; il est impossible de couper le
cuivre avec plus d'aisance, et très difficile d'employer moins de travaux pour
rendre les différens objets. On est étonn-
né de voir avec quelle adresse il oblige
une même taille à lui servir de première
ou de seconde, pour rendre une figure entière. Il fait très rarement usage d'une troisième taille, et ce n'est jamais que dans
une partie de peu d'étendue et qu'il a voulu
sacrifier. Avec cette savante économie,
on ne lui peut reprocher ni monotonie

dans l'effet général, ni uniformité dans la manœuvre : tous ses plans sont artistement variés de travail et de ton. Il étoit savant dessinateur, et n'auroit pu, sans cette qualité, parvenir au procédé dont il faisoit usage : mais on lui reproche justement de la manière dans les extrémités, et il a beaucoup gravé d'après *Bartholomée Sprangers*, peintre maniéré lui-même. Comme il ne faisoit pas d'usages de points pour empâter, et qu'il s'obstinoit à n'employer que les deux tailles pour une figure entière, il leur arrivoit souvent de former ensemble des lozanges outrées d'ou résulte un grain désagréable à l'oeil que les graveurs comparent au dos de maquereau."

On n'a point de notices sur la vie de ce maître. Les peu de dates dont quelques unes de ses estampes sont marquées, montrent qu'il a vécu entre les années 1589 et 1625. Celles dont nous avons pu nous procurer la connoissance, se montent à quatre vingt sept pièces qui sont toutes gravées par lui-même. Il est possible qu'il ait eu part aussi à quelques autres qui, sans porter son nom, approchent un peu de sa manière ; mais comme elles ne sont que médiocres, on les attribue ordinairement à *Herman Muller,* autre élève de *Henri Goltzius,* sans en faire plus de cas que de toutes les autres estampes de ce graveur.

OEUVRE

DE JEAN MULLER.

I. PIÈCES GRAVÉES D'APRÈS SES PROPRES DESSINS.

1.

Balthasar, roi de Babylone, faisant profaner les vases sacrés, dans un festin qu'il donne aux Grands de sa cour, apperçoit une main qui trace sur la muraille l'arret de sa condamnation. *Cernite Chaldaci viua* etc. - - *Joannes Muller fecit.* - - *Harman Muller excudebat.*

Largeur : 14 pouces, 9 lignes. Hauteur : 12 pouces, 6 lignes. La marge du bas : 8 lignes.

2.

Les Mages offrant des présens à Jésus Christ. *En, Deus humana* etc. - - *Joan. Muller inuentor et sculpsit.* Ces mots sont écrits au haut de la gauche, sur un mur. *Har-man Muller excude.* 1598.

Largeur: 16 pouces. Hauteur: 12 pouces, 2 lignes. La marge du bas: 9 lignes.

3.

S. Jean baptisant Jésus Christ dans le fleuve du Jourdain. *Christe, Sator mundi* etc. -- *J. Muller fecit. Harman Muller excud.*

Hauteur: 11 pouces, 1 ligne. La marge du bas: 8 lignes. Largeur: 8 pouces.

On a de ce morceau des premières épreuves où l'on ne trouve ni le nom de *Jean Muller* écrit au bas de la gauche, dans l'eau, ni le mot *Johova*, marqué en Hebreu au milieu d'une gloire d'anges, dans le haut de l'estampe. De plus, la marge du bas est plus large: elle porte à gauche 14, et à droite 12 lignes. Ces épreuves sont rares.

4.

La Madeleine pleurant au pied de la croix sur laquelle Jésus Christ est attaché. *Vnius ob culpam peccati* etc. -- *J. Muller fe-cit.* Ce nom est marqué sur un morceau de bois fiché au bas de la croix. *Harman. Muller excude.* Cette planche est ceintrée par le haut.

Hauteur: 11 pouces, 2 lign. Largeur: 7 pouces, 4 lign.

5.

L'homme de douleurs assis sur son tombeau au milieu de deux anges qui soutiennent, en pleurant, le manteau de pourpre dont il est revêtu. Pièce ceintrée par le haut. *Horror coeli. - - Cum Solymis Christus* etc. *- - J. Muller fecit.*

Hauteur : 15 pouces , 9 lignes. La marge du bas : 15 lignes.

Largeur : 10 pouces, 9 lignes.

6.

La Vierge dans la fuite en Egypte, se reposant au pied d'un arbre , et considérant l'enfant Jésus qu'elle tient sur ses bras. *Quid mortem infanti* etc. *- - Joannes Muller fecit.* 1593. *- - Harman Mul. excud.*

Hauteur : 7 pouces , 9 lignes. La marge du bas : 7 lignes.

Largeur : 7 pouces, 4 lignes.

7.

La Vierge à mi-corps , ayant sur ses bras l'enfant Jésus qui tient de la main gauche une rose , et donne sa bénédiction de la droite. Planche ceintrée par le haut. *Salue virgo, Dei genitrix* etc. *- - Joan. Muller fecit. - - Harm. Mull. excu.*

Hauteur : 8 pouces, 10 lign. Largeur : 6 pouces , 2 lign.

Les épreuves postérieures portent cette adresse : *Clemendt de Jonghe excud.*

8.

Lucrèce s'enfonçant un poignard dans le sein. *Non ego me poena* etc. -- *Harmen. Muller excude.* Ce morceau ne porte pas le nom de *Jean Muller*, non plus que le suivant, quoiqu'ils soient l'un et l'autre, gravés par lui.

Largeur : 8 pouces , 4 lignes. Hauteur : 6 pouces, 7 lignes. La marge du bas : 2 lignes.

9.

Cléopatre se faisant piquer le sein par deux serpens. *Ausonias dum victa* etc. -- *Harmen Mul. exc.*

Largeur : 8 pouces , 4 lignes. Hauteur : 6 pouces, 1 ligne. La marge du bas : 3 lignes.

10.

Mercure embrassant la nymphe Lara dont il est amoureux. *Garrula lingua cave* etc. -- *Joan. Mul. fec.* Ce nom est écrit sur une pierre aux pieds de Mercure. *Harman Muller excud.* Pièce ronde.

Diamètre : 5 pouces, 10 lignes. La bordure marginale qui porte l'inscription , est large de 3 lignes.

11.

Vénus couchée près de l'Amour, sur des nuages. Elle tient un écusson , sur lequel est représenté un coeur percé de flèches

On lit au haut : *Quis euadet*, et au bas,
vers la gauche : *Muller F.* Ces deux inscriptions sont à rebours. Petite planche
de forme ovale.

Diamètre de la largeur : 2 pouces, 2 lignes; celui de la
hauteur : 1 pouces, 7 lignes.

12.

Harpocrate, dieu de silence, en buste,
dans une forme ovale. *Digito compesce la-
bellum. A°. 1593. Loqui* etc. -- *Harpocrates
Philosophus, silentij Deus. Johan. Muller
fecit. Harman Muller excudebat.*

Hauteur : 17 pouces, 9 lign. Largeur : 13 pouces, 3 lign.

13.

Chilon, législateur de Sparte, en buste,
dans un ovale. ΓΝΩΘΙ ΣΕΑΤΤΟΝ. A°. 1596.
Nosce te ipsum - - *Chilon Philosophus Spar-
tanus.* - - *Joan. Muller fecit. Harman Muller
excudebat.*

Même dimension que la pièce précédente.

Ces deux bustes excèdent les propor-
tions ordinaires reservées à la taille du
burin; et sous ce rapport, on est loin de
recommander aux graveurs de les prendre pour modèles. Cependant la conduite
savante des hachures, et la liberté du burin, particulièrement dans la seconde pièce

Nr. 13, y sont vraiment admirables, et élèvent leur auteur au rang des graveurs les plus distingués par la hardiesse de la manipulation.

Les épreuves postérieures portent cette adresse : *Cornelus Dankerts Excud.*

14.

Le portrait de H. L. Spieghel, amateur des beaux-arts. *H. L. Spieghel - - Dien dueghd verhuecht* etc. - - *J. Muller sculp.* 1614.

Hauteur : 2 pouces, 10 lignes. La marge du bas : 13 lignes.
Largeur : 2 pouces, 6 lignes.

15.

Nicolas Grudius, conseiller de l'empereur Charles V, et secrétaire de l'ordre de la toison d'or. En buste. *Nic. Nicolai Grudius eq. aur. Carolo V. imp. a consiliis* etc, -- *J. Mul. sculp.*

Hauteur : 4 pouces. Largeur : 2 pouces, 3 lignes.

16.

Adrien Marius, chancelier de la province des Gueldres et conseiller de l'empereur Charles V. En buste. *Hadrianus Marius Nic. F. eq. Carolo V. imp. a consiliis* etc. - - *J. Mul. sculp.*

Même dimension que la pièce précédente.

17.

Jean second de la Haye, poëte et juris-
consulte. En buste. *Johannes Secundus Nic.
F. J. C. et poeta elegantiss. - - J. Mul. sculp.*

Même dimension que les deux pièces précédentes.

18.

Josse Buyck, bourgmestre d'Amsterdam, à mi-corps. *Effigies Judoci Buycky
V. C. etc. - - Joan. Mullerus sculpsit.*

Hauteur : 4 pouces, 10 lignes. La marge du bas : 1 pouce,
6 lignes. Largeur : 3 pouces : 10 lignes.

19.

Evérard Reidanus, conseiller de Guillaume comte de Nassau, en buste, dans
une forme ovale. *Everhardus Reidanus co
mitis* etc. - - *Consilio multis patriam* etc. - -
J. Muller sculp.

Hauteur : 6 pouces, 4 lignes. La marge du bas : 1 pouce.
3 lignes. Largeur : 5 pouces.

20.

Jean Fontanus, docteur en médecine à
Amsterdam ; à mi-corps. *Fons vitae Christus. - - Johannes Fontanus Antonj F. etc. - -
I. M. S.* C'est-à-dire : *Joannes Muller sculpsit.* Ces trois lettres sont marquées à
droite, vers le milieu du fond.

Hauteur : 6 pouces. La marge du bas : 2 pouces, 7 lignes.
Largeur : 4 pouces, 11 lignes.

21.

Bartholomée Sprangers, peintre d'Anvers, en buste, dans une forme ovale, aux cotés de laquelle sont deux génies dont l'un tient la lance et l'Égide de Pallas, et l'autre les trompettes de la Renommée. *Bartholomaeus Spranger, S. Caes. M. Pictor celeberrimus. -- Naturae omniparenti praestantissimi eius aemuli imaginem, invidia gemente, D. D. Joannes ab Ach. S. item Caes. M. pictor. A.° 1697. - - In perpetuam amici memoriam Joan. Mullerus grato lubentique animo aeri incidebat.*

Hauteur: 9 pouces, 6 lign. Largeur: 6 pouces, 8 lign.,

Les épreuves postérieures portent cette adresse: *Cornelis Danckerts Excud.*

22.

Jean Sweling, musicien et organiste à Amsterdam, à mi-corps. *M. Joannes Petri Swelingus* etc. - - *Joan. Muller sculp.* 1624.

Hauteur: 6 pouces, 1 ligne. La marge du bas: 1 pouce, 11 lignes. Largeur: 4 pouces, 10 lignes.

II. PIÈCES GRAVÉES D'APRÈS LES DESSINS DE DIFFÉRENS MAITRES.

D'après Jean van Aachen.
23.

Le martyre de S. Sebastien. *Cum fera tela sinus* etc. - - *Joannes ab Achen inuentor. Joan. Mullerus sculp.* - - *H. Muller excud.* Pièce ceintrée par le haut.

Hauteur : 18 pouces, 7 lignes. La marge du bas : 9 lignes.
Largeur : 12 pouces, 5 lignes.

D'après Henri Aldegrever.
24.

Jean Beuckels, connu sous le nom de Jean de Leyden, roi des anabaptistes à Munster ; à mi-corps ; gravé par *Jean Muller*, ou du moins sous sa direction, d'après l'estampe de *Henri Aldegrever.* Elle est faite en contre-partie de l'original. *Johan van Leyden eyn coninck* etc. - - *En, o Leida, tuis memor* etc. - - *J. Muller excud.*

Hauteur : 11 pouces, 9 lignes. Largeur : 8 pouces, 4 lign
25.

Bernard Knipperdolling, autre chef des

anabaptistes de Munster, à mi-corps. Cette pièce est encore une copie d'une estampe originale de *H. Aldegrever*, faite en contrepartie. *Waerhaftich Gheconterfeet Bernt* etc. -- *Consul homo fuerat* etc. -- *J. Muller excud.*

Même dimension que la pièce précédente.

D'après Theodore Barentsen , nommé Theodore Bernard.

26.

La Vierge assise dans un paysage, au milieu de S. Joseph, de S. Elisabeth et de S. Jean Baptiste qu'elle fait approcher de l'enfant Jésus assis sur ses genoux. *Joannes infantem infans* etc. -- *Theodorus Bernardus Amsterodamus inuen. --Hermannus Mul. excudebat.* Tout porte à croire que cette estampe est gravée par *Jean Muller,* mais son nom n'y est pas marqué.

Hauteur : 12 pouces, 6 lignes. La marge du bas : 10 lignes. Largeur : 10 pouces, 8 lignes.

D'après Abraham Bloemaert.

27.

Lazare ressuscité par Jésus Christ. *Heu, quam difficile est* etc. -- *Abrahamus Bloem-*

maert inuentor - - Joan. Mullerus sculpsit - - Harman. Muller. excud.

Largeur : 17 pouces , 8 lignes. Hauteur : 12 pouces, 9 lignes. La marge du bas : 10 lignes.

On trouve, mais très rarement, des premières épreuves de ce morceau, où le pied gauche du Lazare n'est pas terminé, et qui sont avant le nom de Bloemaert.

D'après Gilles Coingnet.
28.

Jésus Christ célébrant la cène avec ses apôtres. *Coenantibus autem eis* etc. - - *D. Jacobo Razeto singularj artium liberalium admiratorj, perpetuae amicitiae ergo D. D. Egidius Coingnet.* 1594. - - *Gillis Coingnet Ant.us· inuentor. Joannes Muller sculp. Harman. Muller. excude.* Grande estampe en largeur, composée de trois morceaux collés ensemble.

Largeur : 24 pouces , 4 lignes. Hauteur : 15 pouces, 3 lignes. La marge du bas : 1 pouce.

D'après Corneille Cornelis.
29.

Caïn tuant son frère Abel. *Impius, ecce, Cain fratrem* etc. - - *Cor. Cornelij Harlemen.*

inuentor. Johan. Muller. sculptor.--Harman-
nus Muller excudebat Amsterodamj. Ce morceau est gravé avec une liberté de burin
surprenante ; il est du nombre des plus
remarquables de l'oeuvre de *Muller*, et les
bonnes épreuves en sont rares.

Largeur : 15 pouces, 4 lignes. Hauteur : 12 pouces, 5 lignes. La marge du bas : 7 lignes.

3o.

Le combat d'Ulysse et d'Irus. *Sponsos*
Penelopes, et mendicabulum etc. -- A?' 1589.
-- *C. Cornelij Harlemensis Inuent. HGolt-*
zius excud.

Hauteur : 15 pouces, 3 lignes. La marge du bas : 5 lignes.
Largeur : 12 pouces, 3 lignes.

La plus grande partie des épreuves de
cette planche est marquée des mots : *HGolt-*
zius excud. - - raison pour laquelle on en
attribue ordinairement la gravure à cet
artiste, mais il est certain qu'elle a été
gravée par *Jean Muller* dont le nom est
marqué sur les épreuves postérieures où,
au dessous du nom de C. Cornelis, est
écrit : *Joan Muller schulptor.* Ces épreuves
portent aussi cette adresse : *J. C. Visscher*
excud.

31.

Les trois Parques filant la vie des hommes. *Tres tria lanificae* etc. - - *C. Cornelij Harlemens. inue. Harman. Mullerus excud. Amsterodamj.* Ce morceau ne porte pas le nom de *Jean Muller* quoiqu'il soit certainement gravé par lui.

Hauteur : 10 pouces , 7 lignes. La marge du bas : 7 lignes. Largeur : 9 pouces , 3 lignes.

32.

Arion jouant de la lyre, porté par un dauphin sur le promontoire Taenare. *Quisnam igitur liber* etc. - - *C. Cornelij Harlemen. inuen. Harman. Mullerus excud. Amsterodamj.* Ce morceau est pareillement sans le nom de *Jean Muller.*

Largeur : 13 pouces , 1 ligne. Hauteur : 12 pouces , 4 lignes. La marge du bas : 8 lignes.

Les épreuves postérieures portent cette adresse : *J. C. Visscher Excudebat.*

33.

La fortune montrant son aveuglement par la manière dont elle dispense ses faveurs. *Prudentissimis Reip. Harlemensis - - - Cornelius Corneliades pictor, gratus civis dedicabat. An. M. IƆ. XC. - - Me rerum dominam celebrant.* etc. - - *Cornelius Corneliades*

Harlemen. inuenit et pinxit.--Johannes Mul-
lerus Aemsterod. sculpsit. - -Harman. Mul-
ler excud. Grande pièce composée de deux
morceaux collés ensemble. Elle est très
rare.

Largeur : 33 pouces, 7 lignes. Hauteur : 18 pouces, 2 lignes. La marge du bas : 5 lignes.

34.

Portrait de Theodore Coornhert, graveur d'Amsterdam, en buste. *Theodorus
Coornhertius Amstelredamus. - - Quid va-
leant Bataui* etc. - -. *C. C. pinx.--J. M. L. f.*
Les trois premières de ces lettres forment
un monogramme qui renferme la première
moitié du nom de *Jean Muller.*

Hauteur : 5 pouces, 6 lignes. La marge du bas : 1 pouce,
3 lignes. Largeur : 4 pouces, 8 lignes.

D'après Henri Goltzius.
35-41.

L'histoire de la création du monde, représentée d'une manière poëtique, en une
suite de sept estampes, sur des planches
rondes.

Diamètre : 9 pouces, 9 lignes.

1) L'esprit de Dieu, porté sur les eaux,
avant la création du monde. *Principio*

omnipotens immensi etc. -- *HG oltzius In-*
uent. et excud.--Johann. Muller. sculptor.

2) Le même esprit séparant la lumière
d'avec les ténèbres. *Dies I. -- HG excud.*

3) La création du firmament, et la sépa-
ration des eaux du ciel d'avec les autres eaux. *Dies II. -- HG excud.*

4) Celle de la terre et de la mer. *Dies III.*
-- HG excud.

5) Celle du soleil et de la lune, pour pré-
sider au jour et à la nuit. *Dies IIII. --*
HG excud.

6) Celle des poissons, des oiseaux et des
autres animaux. *Dies V. -- HG excud.*

7) Enfin celle de l'homme et de la femme.
Dies VI. -- HG excud.

D'après Lucas de Leyde.
42-55.

La passion de Jésus Christ. Suite de quatorze pièces gravées d'après les estampes
originales de *Lucas de Leyde.*

Hauteur : 4 pouces, 3 lign. Largeur : 2 pouces, 9 à 10 lign.

1) La Cène. *J. Muller excud. - - C. Dankert*
excudit.

2) Jésus Christ au jardin des olives.

3) La prise de Jésus Christ.

4) Jésus Christ devant le grand prêtre Anne.

5) Jésus Christ outragé dans le prétoire.

6) La flagellation.

7) Le couronnement d'épines.

8) Jésus Christ présenté au peuple.

9) Le portement de la croix.

10) Le crucifiement.

11) La descente de croix.

12) La sépulture.

13) La descente aux limbes.

14) La résurrection.

D'après Pierre Isaac.

56.

Portrait de Christian quatrième, roi de Dannemark et de Norvège, représenté à mi-corps jusqu'aux genoux, tenant de la main droite le bâton de commandement, et portant l'autre sur la garde de son épée. *Christianus quartus dei gratia* etc. - - *Ex Archetypo Petri Isachs Maiestatis Regiae pictoris Joannes Muller sculpsit. Cum sexennali Privilegio Ordinum Foederatorum Belgij* 1625.

Hauteur : 14 pouces. La marge du bas : 1 pouce, 6 lignes.

Largeur : 10 pouces, 9 lignes.

D'après Jacques Ligozzi.

57.

Un ange considérant Jésus Christ mort, étendu sur un linceul dans le sépulcre. *Quo sitis humanae rapit* etc. - - *Jacobo Ligozzi. inuentor. Joan. Muller. sculpsit. Harman. Muller. excudebat Amster.*

Hauteur : 6 pouces, 8 lignes. La marge du bas : 1 pouce. Largeur : 6 pouces.

D'après Michel Mierevelt.

58.

Maurice prince d'Orange, comte de Nassau, vu à mi-corps jusqu'aux genoux, tenant de la main droite le bâton de commandement, et s'appuyant de l'autre sur une table où son casque est placé. *Illustrissimo Mauritio Principi Arausionensium - - - hanc ipsius effigiem Michael Johannis a Miereuelt qui uiuam pictura expressit; et Johannes Muller qui aeri eam insculpsit* etc. - - *cIɔ. Iɔ. c. IIX.* Cette estampe est remarquable par le fini que *Jean Muller* a mis dans le damasquiné dont la cuirasse et les autres pièces d'armure sont ornées.

Hauteur : 13 pouces, 11 lignes. La marge du bas : 1 pouce, 6 lignes. Largeur : 10 pouces, 8 lignes.

59.

Ambroise Spinola, chevalier de la toison d'or, et ministre de la guerre et des finances dans les Pays-bas, représenté à mi-corps jusqu'aux genoux, tenant de la main droite le bâton de commandement, et portant l'autre sur la garde de son épée. *Illustrissimus et excellentissimus Princeps Ambrosius Spinola - - - in belgio praefectus. cIɔ. Iɔ. c. XV. - - M. a Mierevelt pinxit. J. Muller sculpsit.*

Hauteur : 13 pouces, 11 lignes. La marge du bas : 1 pouce, 5 lignes. Largeur : 10 pouces, 7 lignes.

60.

Jean Neyen, de l'ordre de S. François, envoyé de l'archiduc Albert, souverain des Pays-bas, auprès des états généraux des provinces unies ; à mi-corps. *Vera effigies R.^{mi} P. Joannis Neyen etc. - - M. a Miereuelt pinxit. J. Muller sculpsit.*

Hauteur : 10 pouces, 11 lignes. La marge du bas : 1 pouce. Largeur : 8 pouces, 4 lignes.

D'après Remy Rit.

61.

Christian IV, roi de Dannemarck, en buste dans un ovale, autour duquel sont

représentées des vertus. *Christianus IIII.*
D. G. Daniae , Norvegiae etc. *- - Regna fir-*
mat pietas. - - Cum gratia et privilegio regiae
maiestatis. - - Rem. Rit pinx. - - J. Muller
sculp.

Hauteur : 6 pouces, 7 lignes. La marge du bas : 3 lignes.
Largeur : 4 pouces, 5 lignes.

D'après Pierre Paul Rubens.

62.

Le portrait d'Albert, archiduc d'Au-
triche, souverain des Pays-bas, représenté à mi-corps jusqu'aux genoux. *Serenis-*
simo et potentissimo Alberto - - - Joannes
Muller sculptor deuotionis ergo **D. D. Ex**
Archetypo Petri Pauli Rubenij serenitatis
suae Pictoris cIɔ. Iɔ. c. XV. - - Cum privileg.

Hauteur : 14 pouces. La marge du bas : 1 pouce, 5 lignes.
Largeur : 10 pouces, 8 lignes.

63.

Isabelle Claire Eugenie, Infante d'Es-
pagne et souveraine des Pays-bas, représentée à mi-corps jusqu'aux genoux , dans
un fauteuil. *Serenissimae Isabellae Clarae*
Eugeniae - - - Joannes Muller etc. Comme
dans la pièce précédente dont celle-ci fait
le pendant.

D'après *Bartholomée Sprangers.*

64.

Loth se laissant enivrer par ses deux filles. *Dum flamma patriam* etc. -- *Joannes Muller fecit. Harmannus Muller excud. Amsterodami.* Le dessin de cette estampe est généralement attribué à *B. Sprangers,* quoique son nom n'y soit pas marqué. C'est dans ce morceau qu'il est particulièrement à propos de remarquer l'adresse de *Jean Muller,* à rendre les différens objets avec peu de travaux. Toute cette planche n'est faite que de deux tailles.

Largeur: 16 pouces, 9 lignes. Hauteur: 14 pouces, 8 lignes. La marge du bas: 9 lignes.

65.

Jésus Christ nouvellement né, adoré par les bergers. *Hei mihi! quo male* etc. -- *Illu. viro Domino Joanni Baruitio --- Bart. Spranger Inventor et Joan. Muller sculptor etc. cIↃ.IↃc.VI. Cum privil. S. Caes. M.tis sex.*

Hauteur: 20 pouces. La marge du bas: 10 lignes. Largeur: 16 pouces.

66.

La Vierge ayant sur ses genoux l'enfant Jésus qui tient une fleur. et près d'elle, S.

Joseph et deux anges qui font un concert de voix et d'instrumens ; à mi-corps. *Vt sacer hic parili* etc. - - *Barto.ᵘˢ Sprangers Ant.ᵘˢ inuentor.* - - *Joan. Muller sculp.* - -*Harmann. Muller excud. Amsterodamj.*

Hauteur : 10 pouces , 9 lignes. La marge du bas : 1 pouce.

Largeur : 7 pouces, 11 lignes.

67.

Mercure amenant à Minerve le jeune G. Sprangers couvert d'une peau de boeuf, qui se prosterne aux pieds de la déesse, et en reçoit une couronne de laurier. L'envie et la paresse sont terrassées derrière le siège où Minerve est assise. *Impigro Juveni specioso pelle bovina condecorat caput et lauro Palmaque Minerva* etc. - - *B. Spranger schidia haec pro themate G. Sprang. cƆ Ɔ XcII tunc adolescenti D. D. Qui postmodum ea divulgans maiori natu filio suo Math. Sprang. C. D. sculptore J. Mullero cƆ Ɔ cXXVIII.*

Hauteur : 7 pouces, 10 ligne. La marge du bas : 14 lignes.

Largeur : 6 pouces , 3 lignes.

68.

Les amours de Vénus et de Mercure. *Ad Veneris furtum* etc.--*B. Sprangers Ant.ᵘˢ*

*inuent. -- Joan. Muller sculp. -- H. Muller
excud. Amster.*

Hauteur : 13 pouces, 9 lignes. La marge du bas : 11 lignes. Largeur : 10 pouces.

69.

Minerve donnant des armes à Persée,
et Mercure lui attachant des ailes aux
pieds, pour aller couper la tète de Mé-
duse. *Quid sibi vult Perseus* etc. -- *B. Sprangers jnuentor -- Ornatissimo juxta ac Pru-
dentissimo Viro Henrico Spieghel --- L. M.
Q. D. D. Janus Muller sculptor. -- H. Muller
excud. Amstelodami. cɪↄ. ɪↄc. ɪV.* Cette estampe, connue sous le nom du *chef-d'oeuvre de Jean Muller* est une des plus remarquables et des plus belles que cet artiste
ait gravée. On y admire l'art avec lequel
ce graveur a exprimé les différentes formes, en n'y employant presque qu'une
seule taille.

Hauteur : 21 pouces. Largeur : 14 pouces, 8 lignes.

70.

L'Amour venant trouver au lit sa chère
Psyché. Gravé d'après un bas-relief mo-
dèlé en terre par *B. Sprangers. Qui venit
elturus* etc.-- *B. Sprangers in argilla, forma
hemisphaerica, prius effinxit. Joan. Mul-*

Ierus in aere incidebat. - - Harman. Mul.
excu.

Largeur : 19 pouces , 3 lignes. La marge du bas : 9 lignes.
Hauteur : 13 pouces, 5 lignes.

71.

Un Faune se faisant ôter par un Satyre
une épine qui lui est entrée dans le pied.
Sympathos haud iuvat , ast Miserans Misero
auxiliatur. - - B. Sprangers Ant.ᵘˢ inuen. Joan.
Muller sculp. - - Harman Muller excud.

Hauteur : 9 pouces , 6 lignes. La marge du bas : 5 lignes.
Largeur : 7 pouces , 8 lignes.

Dans les épreuves postérieures, l'inscription de la marge du bas est affacée
et remplacée par une autre qui commence
ainsi : *Nil iuvat afflictis moerentem* etc.

On a une copie de cette estampe , faite
en contre-partie par *Jaques Picini. Nil iu-*
vat afflictis etc. - - *Jac. Picinus sculp. Ve-*
net. - - Steffano Scolari forma etc.

Même dimension que l'estampe originale.

72.

Minerve ou la sagesse conduite vers le
temple de l'immortalité par Hercules et
Mars qui représentent la force et la valeur.
Huc adsis, verae quem etc. - - *B.ᵘˢ Sprangers*

inuentor. J. Muller sculpsit. - - H. Muller excud. Amster.

Hauteur : 8 pouces, 3 lignes. La marge du bas : 6 lignes.
Largeur : 5 pouces, 11 lignes.

73.

Les nymphes de la terre redevables à Vénus des leur fécondité, lui présentent les prémices des fleurs, des fruits et des animaux. *En Veneri ter grata* etc. *B.us Sprangers inuentor. J. Muller sculptor - - Harman Muller excud. Amsterodami.*

Hauteur : 9 pouces, 7 lignes. La marge du bas : 9 lignes.
Largeur : 7 pouces, 4 lignes.

74.

Bacchus et Cérès abandonnant Vénus. *Ah, Vénus extincto* etc. - - *Sine Cerere et Baccho friget Venus. Bart. Sprangers Ant.us inuentor. Johan. Muller sculpsit, - - Harman Muller excud. Amsterd.*

Hauteur : 18 pouces. La marge du bas : 9 lignes. Largeur : 12 pouces, 11 lignes.

On a de ce morceau une belle copie faite avec la plus grande exactitude par *Raphael Guidi,* dont le nom est marqué vers le bas de la gauche.

Hauteur : 17 pouces, 4 lignes. La marge du bas : 11 lignes.
Largeur : 12 pouces, 10 lignes.

75.

Bellone accompagnant l'armée de l'empereur, et lui aidant à remporter des victoires sur les Turcs. *Serenissimo Principi Domino Dno. Mathiae* etc. - - *En Bellona ciet turmas* etc. - - *B. Sprangers inuent. Joan. Muller sculp.* - - *Harman Muller excud. An?* 1600. Cette pièce est gravée avec une hardiesse et une liberté de burin surprenantes.

Hauteur : 24 pouces, 6 lignes. La marge du bas : 1 pouce, 7 lignes. Largeur : 18 pouces, 6 lignes.

Les épreuves postérieures portent cette adresse : *G. Valck ex.*, gravée à la place de celle de *Herm. Muller.*

76.

La peinture, la sculpture et l'architecture qui, bannies par les Turcs des lieux où elles fleurissoient le plus, se retirent dans l'Olympe, dont la renommée leur ouvre le chemin. Pièce allégorique composée de deux morceaux collés ensemble. *Amplissimis prudentissimisque Reip. Antverpien. Consulibus - - - Bartholomaeus Spranger S. C. M. Pictor et Senatus deditissimus Cliens dicat consecratque. cIɔ. Iɔ. XCVII. Joannes Mullerus sculpsit.* - - *Postquam Barbaries tractus* etc. - - *B. Sprangers inuen.* - ·

                    T

Harman Muller excudebat. Ce morceau est connu sous le nom de *l'apothéose des arts.*

Hauteur : 24 pouces , 4 lignes. La marge du bas : 9 lignes. Largeur : 18 pouces , 3 lignes.

Jean Turpin a fait une bonne et très exacte copie de ce morceau. Elle est en contre-partie. Il ne s'y est permis qu'un seul changement qui consiste en ce qu'au lieu de l'écusson que tient l'ange au milieu du devant, et sur lequel l'aigle impérial est tracé, il a substitué les armoires de *Marcel Vestrio Barbiano,* à qui il a dedié sa copie. - - *Triumphus virtutum - - Admodum Ill.ᵗʳⁱ et R.ᵐᵒ D. et Patrono collendiss. D. Marcello Vestrio Barbiano - - - Joannes Turpinus dicat consecratque. - - Superiorum permissu. - - Joannes Turpinus excud.*

Même dimension que la pièce originale.

D'après Adrien de Vries.

77 - 79.

Un Romain enlevant une Sabine , gravé d'après un modèle en cire d'*Adrien de Vries,* en trois estampes.

Hauteur : 16 pouces , 6 à 10 lignes. La marge du bas : 10 à 11 lignes. Largeur : 10 pouces , 4 à 5 lignes.

1) Le groupe représenté de façon que le Romain est vu par le dos. *En tibi Romanae Sobolis* etc. - - *Has effigies per Adrianum de Vries Haghien. e caera formatas, Joan. Mullerus aeri incidit. - - Harmannus Mullerus excudebat Amsterodamj.*

Les épreuves postérieures portent ces adresses : *Cornelus Danckerts Excud. Dancker Danckerts Excud.*

2) Le Romain vu de face. *Sic pubes Romana furit* etc. - - *Adrianus de vries Hagien inuentor. - - Joan. Muller sculpsit.*

Les épreuves postérieures portent cette adresse : *Dancker Danckertz Excu.*

3) Le Romain vu de profil. *Quis genus humanum* etc. - - *Adrianus de vries Hagien. inventor. - - Joan. Muller sculpsit. - - H. Muller ex.*

Ces trois estampes sont gravées avec tout l'art imaginable. *Muller* n'y a employé presque qu'une seule taille pour exprimer des formes et des muscles totalement différens.

80.

Cleopatre se faisant piquer par des serpens. *Prodiga luxuries rerum* etc. - -

T 2

Adrianus des Vries jnuent. Joan. Muller sculp.

Hauteur : 13 pouces, 7 lignes. La marge du bas : 7 lignes. Largeur : 9 pouces, 3 lignes.

Les épreuves postérieures portent cette adresse : *Cornelus Danckert Excud.*

81.

Apollon armé de son arc pour tuer le serpent Python. *Vt Deus Arcitenens necat* etc. -- *Adrianus de Vries inuent. Joan. Muller sculp.*

Hauteur : 14 pouces, 7 lignes. La marge du bas : 6 lignes. Largeur : 11 pouces, 2 lignes.

82 - 84.

Mercure enlevant Psyché. Gravé d'après un groupe de bronze, fait à Prague par *Adrien de Vries;* en trois estampes qui en représentent trois aspects différens.

Hauteur : 18 pouces, 8 à 10 lign. Largeur : 9 pouces, 6 lign.

1) Mercure vu de profil. -- *Jussu Rudolphi II. Caesaris Augusti Adrianus de Vries Hagiensis faciebat Pragae - - - Adriani de Vries, cognati sui chariss.*[mi] *sculpebat Johannes Mullerus - - Harman Muller excudebat.* Cette même inscription se trouve aussi sur les deux planches suivantes.

2) Mercure vu de face.

3) Mercure vu par le dos.

85.

La prudence représentée par une femme nue qui est assise, vue par le dos, et se regarde dans un miroir. *Queis Natura dedit formam* etc. -- *Adrianus de Vries inuent. Joan. Muller sculp.*

Hauteur : 11 pouces, 9 lignes. La marge du bas : 13 lignes.

Largeur : 7 pouces, 1 ligne.

86.

Vue de la fontaine qui est à Augsbourg dans la place au vin. Elle est de marbre et ornée de figures de bronze dont les principales représentent les trois Graces et le combat d'Hercules contre l'Hydre de Lerne, d'après les dessins et modèles d'*Adrien de Vries*. L'estampe a été gravée par *J. Muller*, d'après un dessin qui en a été fait par *Jean van Achen*. *Fons ex marmore et aurichalco* etc. -- *Delineavit et observantiae --- Joannes ab Ach Caes. M.tis Pictor cubic.* -- *Adrianus de Vries Hagien.* --- *inuentor* -- *Joannes Muller sculpsit* A.º 1602.

Hauteur : 21 pouces. Largeur : 18 pouces, 11 lignes.

87.

La statue de bronze qui termine le haut

de la fontaine dont on vient de parler, et qui représente Hercule écrasant l'Hydre de Lerne. *Adrianus de Vries Hagien. Caes. M^{tis.} sculptor inventor - - Joannes Muller sculpsit.*

Hauteur : 18 pouces, 9 lign. Largeur : 13 pouces, 6 lign.

Les épreuves postérieures portent cette adresse : *Nic. Visscher excudit.*

On trouve, quoique rarement, des premières épreuves ou le piedestal n'est pas encore achevé.

T A B L E.

OEUVRE DE HENRI GOLTZIUS.

	Page
I. Pièces gravées d'après ses propres dessins . .	11
A. Sujets de la bible	11
B. Saints, et sujets pieux	26
c. Histoire, allégories et autres sujets profanes .	34
D. Sujets fabuleux	42
E. Portraits connus	48
F. Portraits anonymes	61
Portraits en pied	68
G. Clair-obscurs de trois couleurs, et autres pièces gravées en bois par *Henri Goltzius* sur ses propres dessins	71
II. Pièces gravées d'après les dessins de différens maîtres	76
D'après Theodore Barentsen, nommé Theodore Bernard	76
D'après Polydore Caldara, nommé Caravaggio	77
D'après Augustin Carrache	78
D'après Corneille Cornelis	78
D'après Antoine Montfort, nommé Blockland	80
D'après Jacques Palma	81
D'après Rosso Rossi, nommé le maître Roux .	81
D'après François Salviati	81
D'après Raphael Sanzio d'Urbin	82
D'après Bartholomée Sprangers	83
D'après Jean van der Straet, vulgo Stradan .	85
D'après Martin de Vos	89

296

Page

III. Piéces douteuses, c'est-à-dire celles dont on ne
    sauroit attribuer la gravure à Henri Goltzius avec
    certitude, et celles qui lui sont faussement attribuées 90
    Piéces d'après des dessins de Henri Goltzius, et
    dont la gravure est attribuée à J. Saenredam.
    (Voyez l'oeuvre de Saenredam).

IV. Piéces gravées d'après des dessins de Henri Golt-
    zius, par differens graveurs anonymes . . . 94
   A. Sujets pieux 94
   B. Sujets allegoriques 98
   C. Sujets fabuleux 102
   D. Portraits 110
   E. Differens autres sujets 113

V. Piéces gravées d'après des dessins de Henri Golt-
    zius, par differens graveurs connus et contempo-
    rains de ce maître 115
   Par Claes ou Nicolas de Braeu 115
   Par Nicolas Clock 116
   Par Adrien et Jean Collaert 117
   Par Zacharie Dolendo 119
   Par Corneille Drebbel 119
   Par Simon Frisius 120
   Par Jacques de Gheyn 120
   Par Jacques Goltzius 122
   Par Jules Goltzius 123
   Par G. Gouw 123
   Par Adrien Matham 124
   Par Jacques Matham. Voyez l'oeuvre de ce maître 125
   Par Jean Muller. Voyey l'oeuvre de ce maître 125
   Par Raphael Sadeler 125
   Par Christophe van Sichem 126

OEUVRE DE JACQUES MATHAM.

		Page
I.	Pièces gravées d'après ses propres dessins	133
A.	Sujets pieux	133
B.	Sujets fabuleux	138
C.	Portraits	139
D.	Differens autres sujets	144
II.	Pièces gravées d'après des dessins de différens maîtres	146
	D'après Pierre Aertsens. Voyez Langepier	146
	D'après Theodore Barentsen, nommé Theodore Bernard	146
	D'après Abraham Bloemaert	147
	D'après Mathieu Boys	151
	D'après Paul Bramer	151
	D'après Michel-Ange Buanaruoti	152
	D'après Paul Caliari, nommé Paul Veronése	153
	D'après Denis Calvaert	153
	D'après Joseph Cesari d'Arpin, nommé Josepin	153
	D'après Corneille Cornelis	155
	D'après Albert Durer	156
	D'après Adam Elsheimer	157
	D'après Paul Franceschi	157
	D'après Henri Goltzius	157
	a. Sujets pieux	157
	b. Allégories	163
	c. Sujets fabuleux	168
	D'après Martin Heemskerk	170
	D'après Pierre Aertsens, nommé Langepier	170
	D'après Corneille Kettel	172
	D'après Lucas de Leyde	173
	D'après Charles van Mander	173
	D'après Michel Mierevelt	175
	D'après Paul Morelse	176

	Page
D'après Jacques Palma	177
D'après Bernardin Barbatello, nommé Pocchietti	178
D'après Everard Quirini	178
D'après Jean van Ravesteyn	179
D'après Jacques Robusti, nommé le Tintoret	179
D'après Jean Rottenhammer	180
D'après Pierre Paul Rubens	180
D'après Pierre van Ryck	180
D'après François Salviati	181
D'après Raphael Sanzio d'Urbin	181
D'après Roland Savary	182
D'après Bartholomée Sprangers	183
D'après Pierre Soutman	184
D'après Joseph Valeriani	184
D'après Titien Vecelli	185
D'après David Vinckeboons	186
D'après Jerôme Vranck	187
D'après Sebastien Vrancks	188
D'après Jean Wildens	189
D'après Frederic Zucchero	190
D'après Thadee Zucchero	191
III. Estampes dont la gravure est attribuée à Jacques Matham, et celles qui ont été gravées par des anonymes, sous sa direction	193
D'après les dessins de Henri Goltzius	193
a. Sujets pieux	193
b. Allégories	198
c. Sujets fabuleux	200
d. Différens autres sujets	203
D'après les dessins de différens autres maîtres	205
IV. Estampes gravées par différens graveurs contemporains de Jacques Matham	209
Par C. Boel	209

	Page
Par Claes ou Nicolas Braeu	209
Par Gilbert van Breen . . ;	211
Par G. Gauw	211
Par J. van Sichem	212
Par W. Swanenburg	212

OEUVRE DE JEAN SAENREDAM.

I. Pièces gravées d'après ses propres dessins . . 219

II. Pièces gravées d'après les dessins de différens maîtres 225

    D'après Abraham Bloemaert 225

    D'après Polidore Caldara, nommé Caravaggio . 230

    D'après Paul Caliari, nommé Paul Veronese . 232

    D'après Corneille Cornelis 232

    D'après Henri Goltzius 234

        a. Sujets pieux 234

        b. Sujets fabuleux 237

        c. Sujets allégoriques 245

        d. Différens autres sujets 250

    D'après Pierre Isaac 252

    D'après Corneille Kettel 253

    D'après Lucas de Leyde 253

    D'après Charles van Mander 255

    D'après Paul Morelse 256

III. Pièces dont la gravure est attribuée à Jean Saenredam 257

    D'après Henri Goltzius 257

IV. Pièces gravées par différens graveurs contemporains de Jean Saenredam d'après les dessins de ce maître 259

OEUVRE DE JEAN MULLER.

Page

I. Pièces gravées d'après ses propres dessins . . 265

II. Pièces gravées d'après les dessins de différens
maîtres 273

D'après Jean van Aachen 273

D'après Henri Aldegrever 273

D'après Theodore Barentsen, nommé Theodore
Bernard 274

D'après Abraham Bloemaert 274

D'après Gilles Coignet 275

D'après Corneille Cornelis 275

D'après Henri Goltzius 278

D'après Lucas de Leyde 279

D'après Pierre Isaac 280

D'après Jacques Ligozzi 281

D'après Michel Mierevelt 281

D'après Remy Rit 282

D'après P. P. Rubens 283

D'après Bartholomée Sprangers 284

D'après Adrien de Vries 290

ADDITIONS AU TROISIÈME VOLU-
ME DU PEINTRE GRAVEUR.

HENRI GOLTZIUS.

Articles.

Page 23. 40. a.

Jésus attaché à la croix, au pied de laquelle est la Vierge, St. Jean et sainte
Madeleine. *Dvm morior rigidi* etc. — —
HGoltzius inxentor et sculptor. et excud. Ao.
1585.

Hauteur: 7 pouces, 4 lignes. La marge du bas: 6
lignes. Largeur: 5 pouces, 9 lignes.

Page 37. 117. a. — 124. a.

L'abus du procès, représenté d'une manière emblématique, en une suite de huit
estampes qui sont des premières manières
de H. Goltzius.

Largeur: 8 pouces, 4 à 5 lignes. Hauteur: 5 pouces, 9 à 10 lignes. La marge du bas: 7 à 8 lignes.

Ces pièces sont numérotées au milieu
du bas et marquées de *HG f.* Au milieu de
la marge de la première est écrit: LITIS
ABVSVS. Cette même estampe porte
aussi cette adresse: *H. h. excvde.* 1597.

II

Page 72.   226. a.

Un religieux debout, vu de profil et
tourné vers la droite. Il regarde deux cor-
beaux qui descendent du ciel, portant
quelque chose dans le bec. Quatre autres
oiseaux semblables se voient en l'air vers
le haut de la droite.

Hauteur: 5 pouces, 6 lignes. Largeur : 4 pouces,
8 lignes.

Page 102.   26. a.

Un satyre épiant Vénus couchée sur un
lit, et ayant entre ses bras l'Amour qui lui
fait des caresses. Pièce gravée par un anonyme de peu de mérite. *Henricus Golzius
inuentor. - - P. Braeckuelt ex. Ao.* 1588.

Hauteur : 13 pouces. Largeur: 9 pouces, 6 lignes.

Page 113.   92. a.

Une jeune femme qui chante, faisant
des caresses à son amant qui l'accompagne de la guitare. Vers le fond est la
mort qui joue du violon. *Est huius vitae
fallax* etc. - - *HG. Inuent.*

Hauteur : 5 pouces, 6 lignes. La marge du bas: 5
lignes. Largeur: 4 pouces, 6 lignes.

Copies.

Page 15.   15 - 20.

Article 1) On a de ce morceau une copie gravée par un anonyme. *Nunc Lucem
rutilo* etc. - - *Henr. Goltzius inuent.* - -
Theodor. Galle excud.

Hauteur: 9 pouces, 5 lignes. La marge du bas: 9
lignes. Largeur: 7 pouces, 4 lignes.

Page 15.   15 - 20.

Article 6) On a de ce morceau une copie gravée par un anonyme d'un burin
un peu cru. On remarque dans l'inscription le mot *blanditvr*, qui dans cette copie
est écrit: BLADITVR, c'est à dire: la
lettre N est ommise, et les lettres AD, qui
suivent, sont cohérentes.

Hauteur: 16 pouces, 6 lignes. La marge du bas: 6
lignes. Largeur: 12 pouces, 3 lignes.

Page 23.   41.

On a de ce morceau une copie gravée
par un anonyme. Au milieu du bas, sur
une pierre carrée, est gravé: *HG jnuent.*,
et vers la droite: *pet. aub. excu.* Dans la
marge du bas sont quatre vers latins qui

commencent ainsi: *Huc oculos, si qua est pietas* etc.

Hauteur: 5 pouces, 5 lignes. La marge du bas: 4 lignes. Largeur: 3 pouces, 11 lignes.

Page 24.   43 - 56.

On a de ces quatorze estampes des copies faites dans le sens des pièces originales par un graveur assez habile. Il n'y en a que trois de ces copies qui soient marquées, savoir: *Jésus Christ*, où on lit au bas: *HG. In.* au lieu de *HG fe.* Nr. 1) *S. Pierre*, où est écrit: *HGoltzius Inuentor*, et Nr. 7) *S. Thomas*, où l'on voit un monogramme composé des lettres G H T.

Page 44.   143 - 145.

On a de ces trois estampes des copies gravées par *Nicolas de Braeu.* Elles sont marquées dans la marge du bas, à gauche: *Nicolaus Teodori Braew. sculp.* et à droite: *N. de Clerck exc.*

Hauteur: 9 pouces, 6 lignes. La marge du bas: 3 lignes. Largeur: 6 pouces, 9 lignes.

Page 61. Après ligne 22, ajoutez:

Enfin il y a une cinquième copie qui

est très bien gravée. Elle est pareillement
en contre-partie, et de plus petite forme.
Le fond est en blanc; il n'y a qu'un peu
de ciel fait avec des traits horizontaux.

Hauteur: 8 pouces, 3 lignes. La marge du bas: 8
lignes. Largeur: 6 pouces, 7 lignes.

Page 126.   1.

Autre copie très bien gravée au burin
par un anonyme. Elle est pareillement en
contre-partie de l'original. Vers la gauche
du bas est le chiffre *HG*, et au haut de ce
même côté on apperçoit ces marques: *l.* 3.

Autre copie encore, gravée à l'eau-forte
dans le sens de l'original, par un maître
qui s'est désigné par les lettres E. H. marquées au bas de la droite, sur une petite
pierre. Le chiffre *HG* ne s'y trouve point.

Page 127.   5.

La circoncision. Morceau gravé en bois
d'après l'estampe de Henri Goltzius [Page
15. Nr. 15-20. 4)] On lit au milieu du
bas: *HG In. C. V. Sichem. fecit.* 1629.

Hauteur: 7 pouces. Largeur: 5 pouces, 5 lignes.

Autres additions et corrections.

NB. En détaillant ici quelques differences entre les adresses dont les estampes sont marquees , nous avons cru devoir nous dispenser de parler de celles postérieurement ajoutées , et de n'assigner ici une place qu'aux bonnes et premières adresses.

Page 12. Nr. 4 - 7.) Il y a de ces quatre estampes des premières épreuves avant l'adresse de *Joannes Janssonius.*

Page 35. Nr. 7.) Ligne 8. Après les mots : *Victa meti rigido* etc. ajoutez la note : On a deux épreuves différentes de ce morceau. La première a l'inscription : *Victa meti rigido* etc. Dans la seconde, cette inscription a été effacée et remplacée par une autre qui commence ainsi : *Manlius opprobrijs Metij irritatus* etc.

Page 36. Nr. 108. On a de ce morceau trois différentes épreuves.

La première est sans l'inscription : *Currus Belli,* et sans le vers : *Varius eventus est belli* etc. Cette épreuve porte l'adresse : *Theodor. Galle excud.*

La seconde porte au milieu du haut les mots : *Currus Belli.* Elle est pareillement sans le vers : *Varius eventus est belli* etc.

Dans l'adresse, le mot *Theodor.* est effacé, et remplacé par celui de *Joan.*

La troisième est celle que l'on a décrite au catalogue, ligne 8 à 20.

Page 40. Nr. 131. Cet article doit être supprimé ; c'est une répétition de Nr. 88. page 112.

Page 50. Nr. 165. Il y a de ce morceau des épreuves avant l'adresse de *Cornelij.*

Page 61. Nr. 191. Après les mots *Goltzius fecit.* Ajoutez : Cette inscription est à rebours.

Page 63. Nr. 200. Après les mots : *Goltzius fec.* 1580. Ajoutez : Cette inscription est à rebours.

Page 113. Nr. 91. Les premières épreuves portent : *Jac. Matham excud.* au lieu de l'adresse de *Jod. Hondius.*

JACQUES MATHAM.

Articles.

Page 146.   61. a.

Autre représentation d'une baleine qui échoua sur les mêmes côtes en 1601. *Monstrum horrendum, informe* etc. — *J. Matham fecit et excud. — Cum privil. Sa. Cae. M.*

Largeur : 15 pouces, 7 lignes. Hauteur : 9 pouces, 7 lignes. La marge du bas : 1 pouce, 10 lignes.

Page 163.   116 a. - 118 a.

Les bustes du Sauveur, de la S. Vierge et de S. Jean, renfermés dans des formes ovales, bordées d'une inscription.

Suite de trois estampes.

Hauteur : 4 pouces, 8 lignes. Largeur : 3 pouces, 6 lignes.

1) Le Sauveur vu de trois quarts, tourné vers la gauche, et donnant la bénédiction de sa main droite élevée. *Speciosus forma prae filijs* etc. — *Goltzius Inue. — J. Matham sculp. et excud.*

2) La Vierge vue presque de face et dirigée un peu vers la droite. Elle prie les

deux mains jointes et élevées. *Ego mater pulcrae dilectionis* etc.

3) S. Jean, vu de trois quarts, tourné vers la gauche, et ayant les deux mains croisées sur la poitrine. *Hic est discipulus ille* etc. — *Maetham fecit.* — *Cum privil. Sa. Cae. M.*

Page 141.   25. a.

Portrait de Maurice d'Orange Nassau, en buste, vu presque de face et tourné un peu vers la gauche. Ce buste est dans une forme ovale, et placé au milieu d'un trophée. A chaque côté du haut est un génie aîlé, sonnant d'une espèce de trompete. Au bas de la gauche est écrit: *Ja. Matham sculp.* La marge du bas offre cette inscription: *Mavritivs D. G. Wilhelmi Aravsionvm principis fil. comes Nassaviae - - militiae imperator.*

Hauteur : 7 pouces, 3 lignes. La marge du bas : 1 pouce. Largeur : 6 pouces.

Ce portrait se trouve à la tête d'un ouvrage in folio, qui a pour titre: *Description et réprésentation de toutes les victoires remportées pour les états des provinces unies des Pays - bas sous la*

X

*conduite de Maurice de Nassau. Leyden
1612. Par Jean Jeanszoon Orlers* etc.

Page 142.   28. a.

Portrait de Jean van de Velde, à mi-
corps, vu presque de face, et tourné un
peu vers la droite. A gauche, à hauteur
de son oreille droite, est écrit: Aetatis
XXXvj. Ce portrait est renfermé dans un
cartouche de forme ovale, sur le bord duquel on lit: *La voix se perd, l'écriture de-
meure.* Au bas du portrait est écrit: *T leeft
al van den Velde;* et plus bas: *J. Maelham
fecit.* Aux deux côtés du haut de l'estampe
sont deux génies assis, dont celui à gauche
tient un livre et une plume, l'autre à droite, une tablette et un crayon.

Hauteur: 7 pouces, 5 lignes. Largeur: 5 pouces,
5 lignes.

Copies.

Page. 158.   101.

On a de ce morceau une copie assez
bonne qui est dans le même sens. *Magdalis effuso luget* etc. — *Goltzius Inuentor.*
— *A. H. Vllrich sculp.*

Hauteur: 10 pouces, 2 lignes. La marge du bas:
8 lignes. Largeur: 6 pouces, 8 lignes.

Page 168.   149-155.

On a de ces sept morceaux d'assez bonnes copies, gravées dans le même sens. La première pièce porte ces inscriptions: *H. Goltzius Inue. Assuwerus londerseel excu.*

Autres additions et corrections.

Page 168. Nr. 148. Il y a de ce morceau des premières épreuves avec l'adresse de *Rob. Baudous*, au lieu de celle de *Joann. Jansson.*

Page 182. Nr. 201. Ce paysage est la moitié droite de l'estampe décrite page 208, au Nr. 315; de manière que ces deux morceaux collés ensemble ne font qu'une pièce qui a 28 pouces de largeur.

Page 186. Nr. 211-222. Les premières épreuves sont avant l'adresse de *J. C. Visscher excudit*, écrite au milieu de la petite marge du bas.

Page 192. Nr. 238. On a de ce morceau des premières épreuves qui portent l'adresse de *R. de Baudous* au lieu de celle de *Joan. Jansson.*

Page 195. Nr. 255. Les premières épreuves de cette estampe sont sans l'adresse de *J. C. Visscher.* De plus, au lieu des mots:

Goltzius inventor, on y lit : *Goltzius excud.*

Page 200. Nr. 278 - 285. Après l'article 1) ajoutez cette note : On a de ce morceau des premières épreuves qui, au lieu de l'adresse *de J. C. Visscher*, sont marquées : *Goltzius Inue. et excud. Ao.* 1588.

JEAN SAENREDAM.

Copies.

Page 242.   65-67.

Après la ligne 16 ajoutez : On a de très bonnes copies de ces trois estampes, gravées par un anonyme dans le sens des estampes originales, dont elles diffèrent en ce que Nr. 1) *Bacchus* porte l'adresse : *firens ex.*, gravée à la gauche de la marge, et que le cartouche au milieu du bas est en blanc ; c'est à dire, sans les mots : *Cornelio Cornelij Harlemaeo* etc. qui sont gravés dans l'estampe originale.

Page 242. Nr. 65-67. ligne 18. Au lieu des mots : *On a de très bonnes copies des pièces 1 et 3 de cette suite*, lisez : *D'autres très bonnes copies de cette suite ont été etc.*

Page 246. 81 - 83.

On a de ces trois morceaux des copies assez exactes, gravées par un anonyme. Chacune est marquée: *Goltzius Inuent.* Nr. 3) *La charité* porte cette adresse: *firens ex.*

Page 248. 91 - 94.

On a des copies des articles 1) 2) et 4) de cette suite, gravées en contre-partie par un anonyme. Les mots : AVRORA, MERIDIES, VESPERA et NOX sont gravés au milieu du haut dans chaque pièce respective. Dans l'article 3) le copiste a fait un changement qui consiste en ce que l'homme assis au devant, n'est pas représenté donnant un baiser à la femme qui est à côté de lui. A l'égard de la pièce qui représente le *midi*, elle est compilée des estampes de *Saenredam* décrites dans ce catalogue page 244 aux numéros: 73-79, et particulièrement des articles 1) et 2) c'est à dire 73 et 74.

Hauteur : 8 pouces. La marge du bas : 5 lignes.
Largeur : 6 pouces, 7 lignes.

Page 253.   107.

On a de ce morceau une copie faite par un anonyme. La marge du bas offre les mêmes vers latins qui sont dans l'estampe originale; mais au lieu de la dédicace, on y lit cette adresse: *J. C. Visscher excudit.*

Page 254.   109.

On a encore une seconde copie, joliment gravée par un anonyme, pareillement en contre - partie de l'estampe originale. Elle est marquée de l'adresse: *Petrus Firens excudit.* Deplus, elle diffère de l'autre copie en ce que le mot *urbibus* est écrit au bas de la droite avec des lettres très petites et différentes des caractères de l'autre reste de l'inscription.

Hauteur: 9 pouces, 7 lignes. La marge du bas: 7 lignes. Largeur: 6 pouces, 11 lignes.

Autres additions et corrections.

Page 230. Nr. 31. et Nr. 32. Les premières épreuves de ces deux estampes sont sans l'adresse de *J. C. Visscher.*

Page 241. Nr. 62 -64. Au lieu de: *Ces mêmes déesses* représentées etc.; lisez: *Les*

trois déesses Pallas, Vénus et Junon représentées etc.

Page 255. Nr. 110. On a de ce morceau
des premières épreuves avant l'adresse de
J. C. Visscher.

Page 257. Nr. 116-118. Il y a aussi des
épreuves avec la première adresse de
Rob. de baudons, où le mot *sientia* se
trouve déja corrigé.

JEAN MULLER.

Page 265.   1. a.

L'ange consolant Agar retirée dans le
désert, et lui montrant une source d'eau
pour donner à boire à son fils Ismael.
Disce Patris summi virtutem etc. - - - *J.
Muller f. — Harman Mul. exc.*

Largeur: 7 pouces, 7 lignes. Hauteur: 6 pouces.
La marge du bas: 4 lignes.

ERRATA DU TROISIÈME VOLUME.

Page.	Ligne.	Au lieu de	Lisez.
49	12	Voyez : Nassau	Voyez : Orange.
118	4	6.	6. a.
163	3	croix	roue.
253	22	Débora	Jaël.